파이널 패스

핵심이론과 함께하는
100선

박문각 공인중개사
정석진 부동산세법

브랜드만족
1위
박문각

2024

이 책의 차례

합격까지 **박문각** 공인중개사

부동산세법

◈ Key Point | **소득세 총설 (필수서 p.14)**

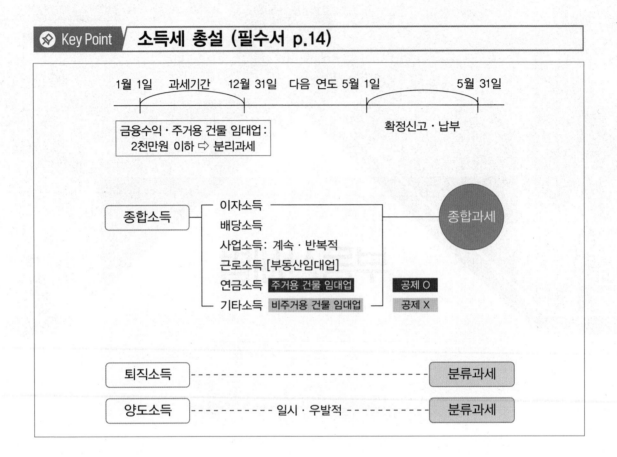

01 다음은 「소득세법」에 대한 설명으로 틀린 것은?

① 양도소득에 대한 과세표준은 종합소득 및 퇴직소득에 대한 과세표준과 구분하여 계산한다.

② 양도소득세 납세의무의 확정은 관할세무서장의 결정에 의하지 않고 납세의무자의 신고에 의한다.

③ 해당 과세기간의 주거용 건물 임대업을 제외한 부동산임대업에서 발생한 결손금은 그 과세기간의 종합소득과세표준을 계산할 때 공제하지 않는다.

④ 부동산임대업에서 발생한 사업소득에 대한 종합소득세는 분할납부는 가능하고 물납은 신청할 수 없다.

⑤ 공동사업에 관한 소득금액을 계산하는 경우(주된 공동사업자에게 합산과세되는 경우 제외)에는 해당 공동사업자가 그 종합소득세를 연대하여 납부할 의무를 진다.

◈ Key Point / 소득세 납세의무자 (필수서 p.15)

구 분	개 념	납세의무의 범위
거주자	국내에 주소를 두거나 1과세 기간 중 183일 이상 거소를 둔 개인	① (국내원천소득 + 국외원천소득) ② 무제한 납세의무 ③ 납세지 : 사람 주소지 관할 세무서
비거주자	거주자가 아닌 개인	① (국내원천소득) ㏄ 국외 × ② 제한 납세의무 ③ 납세지 : 국내 사업장의 소재지 관할 세무서

① **국외자산양도에 대한 양도소득세** : 거주자(5년 이상 국내에 주소 또는 거소)
② 공동으로 소유한 자산에 대한 양도소득금액을 계산하는 경우에는 해당 자산을 공동으로 소유하는 각 거주자가 납세의무를 진다.

02 다음은 「소득세법」에 대한 설명이다. 틀린 것은?

① 공동으로 소유한 자산에 대한 양도소득금액을 계산하는 경우에는 해당 자산을 공동으로 소유하는 공유자가 그 양도소득세를 연대하여 납부할 의무를 진다.

② 비거주자가 국외 토지를 양도한 경우 양도소득세 납부의무는 없다.

③ 거주자가 국외 토지를 양도한 경우 양도일까지 계속해서 10년간 국내에 주소를 두었다면 양도소득 과세표준을 예정신고하여야 한다.

④ 거주자에 대한 소득세의 납세지는 그 주소지로 하는 것이나, 주민등록이 직권말소된 자로서 실제의 주소지 및 거소지가 확인되지 아니하는 거주자의 납세지는 말소 당시 주소지로 한다.

⑤ 비거주자의 소득세 납세지는 제120조에 따른 국내사업장의 소재지로 한다. 다만, 국내사업장이 둘 이상 있는 경우에는 주된 국내사업장의 소재지로 하고, 국내사업장이 없는 경우에는 국내원천소득이 발생하는 장소로 한다.

소득세 [부동산임대업] : 4문제 [3 ~ 6]

> **◈ Key Point** | **부동산임대업의 범위 (필수서 p.16)**

1. **지역권·지상권의 대여** : 사업소득
   - ⒸⒻ 공익사업과 관련하여 지역권·지상권의 대여 : 기타소득
2. **지상권의 양도** : 양도소득

03 「소득세법」상 거주자의 부동산임대업에서 발생하는 소득에 관한 설명으로 옳은 것은?

① 미등기부동산을 임대하고 그 대가로 받는 것은 사업소득이 아니다.

② 지역권·지상권을 설정하거나 대여함으로써 발생하는 소득은 기타소득이다. 다만, 「공익사업을 위한 토지 등의 취득 및 보상에 관한 법률」 제4조에 따른 공익사업과 관련하여 지역권·지상권(지하 또는 공중에 설정된 권리를 포함한다)을 설정하거나 대여함으로써 발생하는 소득은 사업소득이다.

③ 자기소유의 부동산을 타인의 담보로 사용하게 하고 그 사용대가로 받는 것은 기타소득이다.

④ 주택의 임대로 인하여 얻은 과세대상 소득은 사업소득으로서 해당 거주자의 종합소득금액에 합산된다.

⑤ 지상권을 양도함으로써 발생하는 소득은 기타소득이다.

Key Point │ **비과세 사업소득 (필수서 p.16)**

1. **논·밭의 임대소득** : 논·밭을 작물 생산에 이용하게 함으로써 발생하는 소득
2. (주택) 임대소득

① 금액에 관계없이 비과세	1개의 주택을 소유하는 자의 주택임대소득
② 과 세	㉠ 1개의 주택을 소유하는 자의 주택임대소득 ■ 예 외 ⓐ 고가주택(과세기간 종료일 기준으로 기준시가 12억원 초과) ⓑ 국외에 소재하는 주택의 임대소득 ㉡ 2개 이상의 주택을 소유하는 자의 주택임대소득

■ **주택 수의 계산**
① 다가구주택 : 1개의 주택 ㏄ 구분등기 ⇨ 각각을 1개의 주택으로
② 공동소유의 주택 : 지분이 가장 큰 자의 소유로 계산

> **(비교) 공동소유의 주택**
> ㉠ 부동산임대업 : 지분이 가장 큰 자의 소유로 계산
> ㉡ 양도세(=종합부동산세) : 각각(각자)

③ 전대, 전전세 : 임차인 또는 전세받은 자의 주택으로 계산
④ 본인과 배우자 : 합산

04 「소득세법」상 거주자가 부동산 등을 임대하여 발생하는 소득에 관한 설명으로 틀린 것은?

① 부부가 각각 주택을 1채씩 보유한 상태에서 그중 1주택을 임대하고 연간 2,800만원의 임대료를 받았을 경우 주택임대에 따른 과세소득은 있다.
② 거주자의 보유주택 수를 계산함에 있어서 다가구주택은 1개의 주택으로 보되, 구분등기된 경우에는 각각을 1개의 주택으로 계산한다.
③ 주택을 임대하여 얻은 소득은 거주자가 사업자등록을 한 경우에 한하여 소득세 납세의무가 있다.
④ 국외에 소재하는 임대주택은 주택 수에 관계없이 과세된다.
⑤ 주택임대소득이 과세되는 고가주택은 과세기간 종료일 현재 기준시가 12억원을 초과하는 주택을 말한다.

❖ Key Point · 부동산임대업의 소득금액 계산 (필수서 p.17)

부동산임대업의 소득금액 계산

부동산임대업의 소득금액 = 총수입금액(임대료 + 간주임대료) − 필요경비
① 임대료 : 월세
② 간주임대료 : 보증금 · 전세금에 대한 이자상당액

	양도가액
총수입금액(임대료 + 간주임대료) − 필요경비(소송비용, 감가상각비, 현재가치할인차금상각액) = 소득금액 cf (−) 결손금	− 취득가액 − 기타필요경비 = 양도차익

cf 주택에 대한 간주임대료
 (1) **원칙** : 간주임대료 ×
 (2) **예외** : 간주임대료 ○

and (동시 충족)	① 3주택 이상
	② 보증금 합계액이 3억원 초과

📑 주택 수에 포함 ×(소형주택) (2026년 12월 31일까지)

and (동시 충족)	㉠ 전용면적 40m² 이하
	㉡ 기준시가 2억원 이하

05 「소득세법」상 거주자의 부동산임대업에서 발생하는 소득에 관한 설명으로 틀린 것은?

① 주택 2채를 소유한 거주자가 1채는 월세계약으로, 나머지 1채는 전세계약의 형태로 임대한 경우 월세계약에 의하여 받은 임대료에 대해서만 소득세가 과세된다.

② 2주택(법령에 따른 소형주택 아님)과 2개의 상업용 건물을 소유하는 자가 보증금을 받은 경우 2개의 상업용 건물에 대하여만 법령으로 정하는 바에 따라 계산한 간주임대료를 사업소득 총수입금액에 산입한다.

③ 임대보증금의 간주임대료를 계산하는 과정에서 금융수익을 차감할 때 그 금융수익은 수입이자와 할인료, 수입배당금, 유가증권처분이익으로 한다.

④ 국내소재 3주택(법령에 따른 소형주택 아님)을 소유한 자가 받은 주택임대보증금의 합계액이 4억원인 경우, 그 보증금에 대하여 법령에서 정한 산식으로 계산한 금액을 총수입금액에 산입한다.

⑤ 주택 1채만을 소유한 거주자가 과세기간 종료일 현재 기준시가 13억원인 해당 주택을 전세금을 받고 임대하여 얻은 소득에 대해서는 소득세가 과세되지 아니한다.

06 「소득세법」상 부동산임대업에서 발생한 소득에 관한 설명으로 틀린 것은?

① 해당 과세기간에 분리과세 주택임대소득이 있는 거주자(종합소득과세표준이 없거나 결손금이 있는 거주자 포함)는 그 종합소득 과세표준을 그 과세기간의 다음 연도 5월 1일부터 5월 31일까지 신고하여야 한다.

② 사업자가 부동산을 임대하고 임대료 외에 전기료·수도료 등 공공요금의 명목으로 지급받은 금액이 공공요금의 납부액을 초과할 때 그 초과하는 금액은 사업소득 총수입금액에 산입한다.

③ 공익사업과 관련된 지상권의 대여로 인한 소득은 부동산임대업에서 발생한 소득에서 제외한다.

④ 사업소득에 부동산임대업에서 발생한 소득이 포함되어 있는 사업자는 그 소득별로 구분하여 회계처리하여야 한다.

⑤ 주택임대사업자인 거주자 甲은 국내에 A, B, C주택을 임대하고 있다. 그중 B주택 (주거전용면적 40㎡, 기준시가 2억원)을 보증금 1억원을 받고 임대하여 얻은 소득에 대해서는 소득세가 과세된다.

03 양도소득세 : 44문제 [7 ~ 50]

🔷 Key Point | **양도의 정의 : 사실상 유상이전 (필수서 p.20)**

양도로 보는 경우	양도로 보지 아니하는 경우
① 매도	① 무상이전 : 상속, 증여
② 교환(유상)	② 환지처분 및 보류지 충당
③ 현물출자	㉠ 환지받은 토지, 보류지를 양도한 경우 :
④ 대물변제	양도 ○
㉠ 재산분할청구 : 양도 ×, 증여 ×	㉡ 환지청산금을 교부받는 부분 : 양도 ○
㉡ 부동산으로 위자료를 대물변제하는 경우 :	③ 지적경계선 변경을 위한 토지의 교환
양도 ○	④ 양도담보
⑤ 부담부증여	㉠ 양도담보 제공시 : 양도 ×
㉠ 수증자가 인수한 채무상당액 : 양도 ○	㉡ 채무불이행시 : 양도 ○
ⓐ 증여자 : 양도세	⑤ 공유물의 분할(단순 분할)
ⓑ 수증자 : 증여세, 취득세	㉠ 지분증가 : 취득
• 채무액 : 유상	㉡ 지분감소 : 양도
• 채무액을 제외한 나머지 부분 : 무상	⑥ 소유권환원(매매원인 무효의 소)
㉡ 배우자·직계존비속 간 : 증여추정	⑦ 신탁·신탁해지
ⓐ 증여자 : ×	⑧ 배우자·직계존비속 간의 양도 : 증여추정
ⓑ 수증자 : 증여세, 취득세(무상)	㏄ 양도(= 유상취득)
㏄ 양도 : 채무액이 객관적으로 인정	㉠ 공매(경매)
되는 경우	㉡ 파산선고
⑥ 수용	㉢ 교환
⑦ 공매, 경매	㉣ 대가를 지급한 사실이 증명되는 경우
㏄ 자기가 재취득 : 양도 ×	

★★★ 배우자·직계존비속 이외의 자 간 부담부증여 : 수증자가 인수한 채무상당액(양도 ○)

증여가액	채무액	2억원
5억원	채무액 외	3억원

① 증여자	양도세(2억원)		
② 수증자	㉠ 증여세(3억원)		
	㉡ 취득세(5억원)	채무액(2억원)	유상취득
		채무액 외(3억원)	무상취득

㏄ **부담부증여시 양도가액 및 취득가액**

$$= 양도 \cdot 취득\ 당시의\ 가액 \times \frac{인수한\ 채무상당액}{증여가액}$$

07 「소득세법」상 양도에 해당하는 것으로 옳은 것은?

① 「도시개발법」에 따라 토지의 일부가 보류지로 충당되는 경우

② 부동산의 부담부증여에 있어서 수증자가 인수하는 채무액 상당액

③ 매매원인 무효의 소에 의하여 그 매매사실이 원인무효로 판시되어 환원될 경우

④ 이혼으로 인하여 혼인 중에 형성된 부부공동재산을 「민법」 제839조의 2에 따라 재산분할하는 경우

⑤ 공동소유의 토지를 공유자지분 변경 없이 2개 이상의 공유토지로 분할하였다가 공동지분의 변경 없이 그 공유토지를 소유지분별로 단순히 재분할하는 경우

08 다음 중 양도소득세 과세대상인 양도의 개념 설명 중 옳은 것은?

① 공동소유의 토지를 공유자 지분 변경 없이 2개 이상의 공유토지로 분할한 때에는 양도로 보지 아니하는 것이나, 분할한 그 공유토지를 소유지분별로 재분할하는 경우에는 이를 양도로 본다.

② 배우자 간의 부담부증여에 있어서 수증자가 인수한 증여자의 채무액은 증여재산가액에서 공제하지 아니하고 증여세가 과세되므로, 항상 양도로 보지 아니한다.

③ 양도라 함은 매도, 교환, 법인에 대한 현물출자 등으로 그 자산이 유상으로 이전되는 것으로서, 소유권이전을 위한 등기 또는 등록을 과세의 조건으로 한다.

④ 법원의 확정판결에 의하여 신탁해지를 원인으로 소유권이전등기를 하는 경우에는 양도로 본다.

⑤ 법정요건을 갖춘 양도담보계약에 의하여 소유권을 이전한 경우에는 이를 양도로 보지 아니하되, 채무불이행으로 변제에 충당한 때에는 이를 양도한 것으로 본다.

09 양도소득세에 있어서 양도의 개념에 관한 설명 중 틀린 것은?

① 적법하게 소유권이 이전된 매매계약이 당사자 간의 해제를 원인으로 당초 소유자 명의로 소유권이 환원된 경우에는 양도에 해당한다.

② 임의경매절차에 의하여 소유권이 사실상 유상이전된 경우는 양도에 해당하며, 강제 경매·공매의 경우에도 양도에 해당한다.

③ 조세를 부동산으로 물납한 경우에는 양도에 해당한다.

④ 재산분할청구권에 의하여 소유권을 이전한 경우에는 양도에 해당한다.

⑤ 법원의 확정판결에 의하여 신탁해지를 원인으로 소유권 이전등기를 하는 경우에는 양도로 보지 아니한다.

10 거주자 甲이 배우자·직계존비속이 아닌 거주자 乙에게 상업용 건물을 부담부증여하고 乙이 甲의 해당 피담보채권을 인수한 경우 甲의 양도차익은 얼마인가?

> ㉠ 甲의 취득당시 실지거래가액은 1억원이다.
> ㉡ 증여일 현재 「상속세 및 증여세법」 규정에 따른 평가액(감정가액)은 2억원이다.
> ㉢ 상업용 건물에는 금융회사로부터의 차입금 1억원(채권최고액 : 1억2천만원)에 대한 근저당권이 설정되어 있다.
> ㉣ 등기된 상업용건물이며, 甲의 취득시 부대비용은 5백만원이다.
> ㉤ 양도가액은 양도 당시 「상속세 및 증여세법」 규정에 따른 평가액(감정가액)을 기준으로 계산한다.

① 35,000,000원

② 40,000,000원

③ 42,000,000원

④ 45,000,000원

⑤ 47,500,000원

11 양도소득세는 등기·등록에 관계없이 사실상 유상이전이면 양도소득세를 과세하고 있다. 다음은 양도의 개념에 대한 설명이다. 옳은 것은?

① 공공사업목적으로 공공사업시행자에게 수용된 것은 양도로 보지 아니한다.

② 배우자 또는 직계존비속에게 재산을 양도한 경우에는 양도로 보지 아니하고 증여로 의제한다.

③ 소유자산을 경매·공매로 인하여 자기가 재취득하는 경우에는 자산의 유상이전에 해당되지 않으므로 양도로 보지 않는다.

④ 매매계약 체결 후 잔금청산 전 매매계약의 해제로 원소유자에게 소유권을 환원한 경우에는 양도로 본다.

⑤ 甲과 乙이 균등으로 공동소유한 토지를 대가 없이 甲 70%, 乙 30%의 지분으로 분할한 경우에는 양도에 해당한다.

12 다음 중 양도소득세가 과세될 수 있는 양도가 아닌 것은?

① 법인에 부동산을 현물출자하는 경우

② 채무불이행으로 인하여 담보로 제공된 토지가 변제에 충당되는 경우

③ 공공사업시행자가 체비지를 매각하는 경우

④ 이혼시 일방의 재산분할청구권의 행사에 의해 부동산의 소유권이 이전되는 경우

⑤ 환지계획에 의해 환지처분으로 취득한 토지를 매각하는 경우

⊗ Key Point / 양도세 과세대상 (필수서 p.26)

토지 또는 건 물	등기 · 등록 여부와 관계없이 과세
부동산에 관한 권리	(1) **부동산을 취득할 수 있는 권리** ① 건물이 완성되는 때에 그 건물과 이에 딸린 토지를 취득할 수 있는 권리 　(아파트당첨권 · 분양권 · 입주권 등) 　㉠ 조합원입주권: 주택 ×, 주택 수 포함 ○ 　㉡ 분양권: 주택 ×, 주택 수 포함 ○ ② 지방자치단체 · 한국토지공사가 발행하는 토지상환채권 및 주택상환사채 　ⓒⓕ 토지개발채권 ×, 국민주택채권 × ③ 부동산매매계약을 체결한 자가 계약금만 지급한 상태에서 양도하는 권리 (2) 지상권 (3) 전세권과 ⟨등기된⟩ 부동산임차권 　ⓒⓕ 등기되지 아니한 부동산임차권: 기타소득(종합소득)
주식 또는 출자지분 (주식 등)	(1) **특정 주권상장법인의 주식 등** ① 대주주가 양도하는 것 ② 장외 양도분 (2) 주권비상장법인의 주식 등(비상장주식) (3) 외국법인이 발행하였거나 외국에 있는 시장에 상장된 주식 등
기타자산	(1) 사업에 사용하는 토지 · 건물 및 부동산에 관한 권리와 ⟨함께⟩ 양도하는 영업권 　ⓒⓕ 영업권(점포임차권 포함)의 단독양도: 기타소득(종합소득) (2) 특정시설물의 이용권 · 회원권(이용 · 회원권의 성격이 내포된 주식 포함) 　(배타적) 사례 골프 회원권, 콘도 회원권 (3) 과점주주가 소유한 부동산 과다보유법인의 주식(50% − 50% − 50%) (4) 특수업종을 영위하는 부동산 과다보유법인의 주식(80% − 1주 − 1주) (5) 토지 · 건물과 함께 양도하는 이축을 할 수 있는 권리(이축권)
파생상품 등	파생상품 등의 거래 또는 행위로 발생하는 소득(일정한 파생상품)
신탁 수익권	신탁의 이익을 받을 권리(「자본시장과 금융투자업에 관한 법률」 제110조에 따른 수익증권 및 같은 법 제189조에 따른 투자신탁의 수익권 등 대통령령으로 정하는 수익권은 제외하며, 이하 "신탁 수익권"이라 한다)의 양도로 발생하는 소득. 다만, 신탁 수익권의 양도를 통하여 신탁재산에 대한 지배 · 통제권이 사실상 이전되는 경우는 신탁재산 자체의 양도로 본다.

13 「소득세법」상 거주자의 양도소득세 과세대상이 아닌 것은? (단, 국내 자산을 가정함)

① 개인의 토지를 법인에 현물출자

② 등기된 부동산임차권의 양도

③ 이혼으로 인하여 혼인 중에 형성된 부부공동재산을 「민법」 제839조의 2에 따라 재산분할하는 경우

④ 사업에 사용하는 토지·건물 및 부동산에 관한 권리와 함께 영업권의 양도

⑤ 건물이 완성되는 때에 그 건물과 이에 딸린 토지를 취득할 수 있는 권리의 양도

14 「소득세법」상 거주자의 양도소득세 과세대상이 아닌 것은 몇 개인가? (단, 거주자가 국내 자산을 양도한 것으로 한정함)

> ㉠ 등기된 부동산임차권
> ㉡ 영업권(사업용 고정자산과 분리되어 양도되는 것)
> ㉢ 전세권
> ㉣ 개인의 토지를 법인에 현물출자
> ㉤ 지상권의 양도
> ㉥ 「도시개발법」이나 그 밖의 법률에 따른 환지처분으로 지목 또는 지번의 변경
> ㉦ 지방자치단체가 발행하는 토지상환채권을 양도하는 경우
> ㉧ 주거용 건물건설업자가 당초부터 판매할 목적으로 신축한 다가구주택을 양도하는 경우

① 1개   ② 2개   ③ 3개

④ 4개   ⑤ 5개

◈ Key Point | 양도 또는 취득시기 (필수서 p.28)

1. **유상 양도 및 취득시기**
   (1) 원칙 : 사실상 대금을 청산한 날
   (2) 예외 : 등기·등록접수일
       ① 대금을 청산한 날이 분명하지 아니한 경우
       ② 대금을 청산하기 전에 소유권이전등기를 한 경우
2. **장기할부조건**(2회 이상 분할, 1년 이상) : ～ 빠른 날
3. **자기가 건설한 건축물** : [구청(준공검사) → 등기소(보존등기)]
   (1) 허 가
       ① 원칙 : 사용승인서 교부일
       ② 예외 : ～ 빠른 날
   (2) 무허가 : 사실상의 사용일
4. **상속 또는 증여**
   (1) 상속 : 상속이 개시된 날
       cf 세율 적용시 : 피상속인이 그 자산을 취득한 날
   (2) 증여 : 증여를 받은 날(= 증여등기접수일)
       ① 이월과세 : 증여자의 취득일
       ② 취득세 : 증여 계약일
5. **점유**(민법의 시효취득) : 점유를 개시한 날
6. **수용되는 경우** : ～ 빠른 날
7. **대금을 청산한 날까지 완성(확정) ×** : 목적물이 완성 또는 확정된 날
8. **환지처분으로 인하여 취득한 도지**
   (1) 환지 전의 토지의 취득일
   (2) 증가(감소)된 경우 : 환지처분의 공고가 있는 날의 다음 날(익일)
9. **취득시기의 의제**
   (1) 토지·건물·부동산에 관한 권리·기타자산 : 1985년 1월 1일
   (2) 주식 등 : 1986년 1월 1일
10. **기타의 양도 또는 취득시기**
    (1) **아파트 당첨권**의 취득시기 : 당첨일(잔금청산일)
    (2) **경매**에 의하여 자산을 취득하는 경우 : 경매대금을 완납한 날
    (3) 잔금을 **어음**이나 기타 이에 준하는 증서로 받은 경우 : 어음 등의 결제일
    (4) 법원의 **무효판결**로 소유권이 환원된 자산 : 당초 취득일

15 「소득세법」상 양도차익 계산시 취득 및 양도시기로 틀린 것은?

① 대금을 청산한 날이 분명하지 아니한 경우 : 등기부·등록부 또는 명부 등에 기재된 등기·등록접수일 또는 명의개서일

② 대금을 청산하기 전에 소유권이전등기(등록 및 명의개서 포함)를 한 경우 : 등기부·등록부 또는 명부 등에 기재된 등기접수일

③ 상속에 의하여 취득한 자산 : 피상속인의 취득일

④ 증여에 의하여 취득한 자산 : 증여를 받은 날

⑤ 「공익사업을 위한 토지 등의 취득 및 보상에 관한 법률」에 따라 공익사업을 위하여 수용되는 경우 : 대금을 청산한 날, 수용의 개시일 또는 소유권이전등기접수일 중 빠른 날. 다만, 소유권에 관한 소송으로 보상금이 공탁된 경우에는 소유권 관련 소송 판결 확정일로 한다.

16 현행 「소득세법」에서 규정하는 토지의 양도 및 취득의 시기에 관하여 틀린 것은?

① 토지의 양도 및 취득시기는 원칙적으로 토지의 대금을 청산한 날

② 환지처분에 의하여 취득한 토지의 취득시기는 토지의 환지처분을 받은 날

③ 자기가 건설한 건축물에 있어서는 「건축법」 제22조 제2항에 따른 사용승인서 교부일. 다만, 사용승인서 교부일 전에 사실상 사용하거나 같은 조 제3항 제2호에 따른 임시사용승인을 받은 경우에는 그 사실상의 사용일 또는 임시사용승인을 받은 날 중 빠른 날로 하고, 건축 허가를 받지 아니하고 건축하는 건축물에 있어서는 그 사실상의 사용일로 한다.

④ 「민법」 제245조 제1항의 규정에 의하여 부동산의 소유권을 취득하는 경우에는 당해 부동산의 점유를 개시한 날

⑤ 장기할부조건의 경우에는 소유권이전등기접수일·인도일 또는 사용수익일 중 빠른 날

⚙ Key Point **양도소득 과세표준과 세액의 계산 (필수서 p.32)**

구 분	원칙(실지거래가액)	예외(추계)
양도가액	실지 양도가액	추계(매·감·기)
− 취득가액	실지 취득가액	추계(매·감·환·기)
	① 매입가액 + 취득세 + 기타부대비용 ② 소송비용·화해비용 ③ 당사자 약정 이자상당액 ㏄ 지연이자 ×	−
− 기타필요경비	자본적 지출액 + 양도비용	필요경비개산공제
	① 자본적 지출액: 내용연수 연장, 가치증가 ㏄ 수익적 지출액: 원상회복, 능률유지(×) ② 양도비용: 중개보수, 매각차손	① 취득가액이 추계인 경우 ② 취득당시 기준시가 × 공제율
= 양도차익	−	
− 장기보유특별공제	① 양도차익 × 공제율 ② 적용대상: 토지·건물·조합원입주권 ③ 보유기간: 3년 이상 보유 ④ 적용배제: 미등기양도자산, (1세대 2주택 이상 + 조정대상지역 주택) ⑤ 공제율: ㉠ ㉡ 이외(2%씩): 6%~30% ㉡ 1세대 1주택인 고가주택(실가 12억원 초과)(2년 이상 거주) : [(보유기간: 4%씩) + (거주기간: 4%씩)]	
= 양도소득금액	−	
− 양도소득기본공제	① 소득별로 각각 연(1월 1일~12월 31일) 250만원 ㉠ 토지·건물, 부동산에 관한 권리, 기타자산 ㉡ 주식 또는 출자지분(주식 등) ㉢ 파생상품 등 ㉣ 신탁 수익권 ② 적용배제: 미등기양도자산	
= 과세표준	−	
× 세 율	−	
= 산출세액	−	
− 감면세액	−	
− 세액공제	외국납부세액공제	
+ 가산세	무(과소)신고가산세, 납부지연가산세	
= 자진 납부할 세액	−	
− 분납할 세액	−	
= 자진 납부세액	−	

17 양도소득과세표준 계산에서 그 공제순위가 제일 나중인 것은?

① 양도소득기본공제액

② 자본적지출액

③ 장기보유특별공제액

④ 양도비용

⑤ 설비비, 개량비

18 미등기부동산의 양도소득에 대한 과세표준으로 옳은 것은?

① 양도가액 − 필요경비 − 장기보유특별공제 − 양도소득기본공제

② 양도가액 − 필요경비 − 양도소득특별공제 − 장기보유특별공제 − 양도소득기본공제

③ 양도가액 − 필요경비

④ 양도가액 − 필요경비 − 양도소득기본공제

⑤ 양도가액 − 필요경비 − 양도소득기본공제 − 장기보유특별공제

◈ Key Point 실지거래가액에 의한 양도차익 (필수서 p.34 ~ p.35)

1. **양도가액** : 양도당시의 실지거래가액(양도소득의 총수입금액)
2. **취득가액** : 취득에 든 실지거래가액(현재가치할인차금 포함)
   ① 매입가액 + 취득세 + 기타 부대비용(중개보수, 소유권이전비용)
   ② 소송비용·화해비용(사업소득금액 계산시 필요경비에 산입된 것을 제외한 금액)
   ③ 당사자 약정에 의한 이자상당액
      ㏂ 지급기일의 지연으로 인하여 추가로 발생하는 이자상당액 (×)
      ㏂ 대출금의 이자지급액 (×)
   ④ 감가상각비(사업소득금액 계산시 필요경비에 산입한 금액) : 취득가액에서 공제 = 양도차익을 계산할 때 양도가액에서 공제할 필요경비로 보지 아니한다.
   ⑤ 현재가치할인차금의 상각액(사업소득금액 계산시 필요경비에 산입한 금액) : 취득가액에서 공제 = 양도차익을 계산할 때 양도가액에서 공제할 필요경비로 보지 아니한다.
   ⑥ 납부영수증이 없는 취득세 (○) ㏂ 감면되는 경우 (×)
   ⑦ 상속, 증여 : 「상속세 및 증여세법」의 규정에 의하여 평가한 가액
      ㉠ 원칙 : 시가(시세)
      ㉡ 예외 : 보충적 평가방법(기준시가)
   ⑧ 포함 (×) : 재산세, 종합부동산세, 상속세, 증여세, 부당행위계산에 의한 시가초과액(업 계약서)
3. **기타필요경비**(자본적 지출액 + 양도비용)
   [필요경비 인정 : 적격증명서류 수취·보관 또는 금융거래 증명서류 확인]
   ① **자본적 지출액**
      ㉠ 내용연수(수명) 연장, 가치를 증가시키기 위하여 지출한 수선비
      ㉡ 취득한 후 소송비용·화해비용(사업소득금액 계산시 필요경비에 산입된 것을 제외한 금액)
      ㉢ 양도자산의 용도변경·개량 또는 이용편의를 위하여 지출한 비용
      ㉣ 개발부담금, 재건축부담금, 베란다 샤시, 거실 및 방 확장공사비 등
         ㏂ 수익적지출(원상회복, 능률유지) : ×
   ② **양도비용**
      ㉠ 양도소득세과세표준 신고서 작성비용, 계약서 작성비용, 공증비용, 인지대, 소개비(중개보수)
      ㉡ 매각차손
         ㏂ 금융기관 외의 자에게 양도한 경우 : 금융기관에 양도하였을 경우 발생하는 매각차손을 한도

19 「소득세법」상 거주자가 국내소재 주택의 양도가액과 취득가액을 실지 거래된 금액을 기준으로 양도차익을 산정하는 경우에 관한 설명 중 틀린 것은 몇 개인가? (단, 지출액은 양도주택과 관련된 것으로 전액 양도자가 부담함)

> ㉠ 양도와 취득시의 실지거래가액을 확인할 수 있는 경우에는 양도가액과 취득가액을 실지거래가액으로 산정한다.
> ㉡ 양도소득의 총수입금액은 양도가액으로 한다.
> ㉢ 취득가액을 실지거래가액으로 계산하는 경우 자본적 지출액은 필요경비에 포함된다.
> ㉣ 주택의 취득대금에 충당하기 위한 대출금의 이자지급액은 필요경비에 해당하지 않는다.
> ㉤ 취득시 법령의 규정에 따라 매입한 국민주택채권을 만기 전에 법령이 정하는 금융기관에 양도함으로써 발생하는 매각차손은 필요경비에 해당한다.
> ㉥ 양도 전 주택의 이용편의를 위한 방 확장 공사비용(이로 인해 주택의 가치가 증가됨)은 필요경비에 해당한다.
> ㉦ 양도소득세 과세표준 신고서 작성비용은 필요경비에 해당한다.
> ㉧ 공인중개사에게 지출한 중개보수는 필요경비에 해당한다.

① 0개   ② 1개   ③ 2개
④ 3개   ⑤ 4개

20 「소득세법」상 사업소득이 있는 거주자가 실지거래가액에 의해 부동산의 양도차익을 계산하는 경우 양도가액에서 공제할 필요경비에 포함되는 것은? [다만, 자본적 지출에 관한 적격증명서류(세금계산서·계산서·신용카드매출전표·현금영수증)를 수취·보관한 경우라 가정함]

① 취득에 관한 쟁송이 있는 자산에 대하여 그 소유권 등을 확보하기 위하여 직접 소요된 소송비용·화해비용 등의 금액으로서 그 지출한 연도의 각 소득금액의 계산에 있어서 필요경비에 산입한 금액
② 당사자 약정에 의한 대금지급방법에 따라 취득원가에 이자상당액을 가산하여 거래가액을 확정하는 경우 당해 이자상당액
③ 양도자산의 보유기간 중에 그 자산의 감가상각비로서 사업소득금액의 계산시에 필요경비로 산입한 금액
④ 매입시 기업회계기준에 따라 발생한 현재가치할인차금 중 보유기간 동안 사업소득의 필요경비로 산입된 금액
⑤ 소득세법상의 부당행위계산에 의한 시가초과액과 주택의 취득대금에 충당하기 위한 대출금의 이자지급액

◈ Key Point | **추계결정에 의하는 경우 양도·취득가액과 기타의 필요경비 (필수서 p.36)**

1. 양도가액 또는 취득가액을 추계결정 또는 경정하는 경우에는 다음의 방법을 순차로 적용하여 산정한 가액에 의한다.
   - ① ㉺매사례가액 : 양도일 또는 취득일 **전후 각 3개월 이내**에 해당 자산(주권상장법인의 주식 등은 제외)과 동일성 또는 유사성이 있는 자산의 매매사례가 있는 경우 그 가액
   - ② ㉮정가액 : 양도일 또는 취득일 **전후 각 3개월 이내**에 해당 자산(주식 등을 제외)에 대하여 **둘 이상의 감정평가법인 등이** 평가한 것으로서 신빙성이 있는 것으로 인정되는 감정가액(감정평가기준일이 양도일 또는 취득일 전후 각 3개월 이내인 것에 한정)이 있는 경우에는 그 **감정가액의 평균액**(다만, 기준시가가 10억원 이하인 경우에는 하나)
   - ③ ㉳산 **취득가액** : 토지·건물 및 부동산을 취득할 수 있는 권리의 경우에는 다음 산식에 의하여 계산한 가액 ㏄ **양도가액은 환산 (×)**

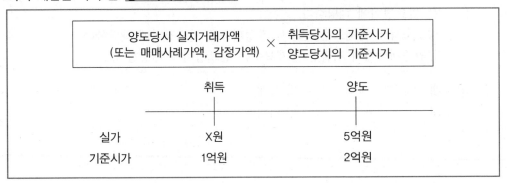

   - ④ ㉺준시가

2. 필요경비개산공제
   취득가액을 추계조사(매매사례가액, 감정가액, 환산취득가액) 또는 기준시가로 산정하는 경우 인정되는 필요경비

구 분		필요경비개산공제액
① **토지와 건물**(일반건물, 오피스텔 및 상업용 건물, 주택)		취득당시의 기준시가 × 3% (미등기양도자산은 0.3%)
② **부동산에 관한 권리**	지상권·전세권·등기된 부동산 임차권	취득당시의 기준시가 × 7% (미등기양도자산은 제외)
	부동산을 취득할 수 있는 권리	취득당시의 기준시가 × 1%
③ **주식·출자지분** ④ **기타자산** ⑤ **신탁 수익권**		

3. 추계방법에 의한 **취득가액**을 **환산취득가액으로 하는 경우 세부담의 최소화**

   > **필요경비 = MAX(①, ②)**
   > ① (환산취득가액 + 필요경비개산공제)
   > ② (자본적지출액 + 양도비)

21 「소득세법」상 거주자의 양도소득세가 과세되는 부동산의 양도가액 또는 취득가액을 추계조사하여 양도소득 과세표준 및 세액을 결정 또는 경정하는 경우에 관한 설명으로 틀린 것은? (단, 매매사례가액과 감정가액은 특수관계인과의 거래가액이 아님)

① 양도 또는 취득당시의 실지거래가액의 확인을 위하여 필요한 장부·매매계약서·영수증 기타 증빙서류가 없거나 그 중요한 부분이 미비된 경우 추계결정 또는 경정의 사유에 해당한다.

② 취득당시 실지거래가액을 확인할 수 없는 경우에는 매매사례가액, 환산가액, 감정가액, 기준시가를 순차로 적용하여 산정한 가액을 취득가액으로 한다.

③ 매매사례가액은 양도일 또는 취득일 전후 각 3개월 이내에 해당 자산과 동일성 또는 유사성이 있는 자산의 매매사례가 있는 경우 그 가액을 말한다.

④ 감정가액은 양도일 또는 취득일 전후 각 3개월 이내에 해당 자산(주식 등을 제외한다)에 대하여 둘 이상의 감정평가업자가 평가한 것으로서 신빙성이 있는 것으로 인정되는 감정가액(감정평가기준일이 양도일 또는 취득일 전후 각 3개월 이내인 것에 한정한다)이 있는 경우에는 그 감정가액의 평균액으로 한다. 다만, 기준시가가 10억원 이하인 자산(주식 등은 제외한다)의 경우에는 양도일 또는 취득일 전후 각 3개월 이내에 하나의 감정평가업자가 평가한 것으로서 신빙성이 있는 것으로 인정되는 경우 그 감정가액(감정평가기준일이 양도일 또는 취득일 전후 각 3개월 이내인 것에 한정한다)으로 한다.

⑤ 취득가액을 매매사례가액으로 계산하는 경우 취득당시 기준시가에 3/100을 곱한 금액이 필요경비에 포함된다.

22 추계결정에 의한 양도·취득가액과 기타의 필요경비에 대한 설명이다. 틀린 것은?

① 특수관계인 간의 거래가 아닌 경우로서 취득가액인 실지거래가액을 인정 또는 확인할 수 없어 그 가액을 추계결정 또는 경정하는 경우에는 매매사례가액, 감정가액, 환산취득가액, 기준시가의 순서에 따라 적용한 가액에 의한다.

② 실지거래가액을 확인할 수 없어 매매사례가액, 감정가액 및 환산가액에 의하여 양도차익을 계산하는 경우 필요경비는 취득당시의 기준시가에 매입부대비용 등을 감안하여 자산별로 정한 일정한 율에 의하여 계산한 금액(개산공제액)을 필요경비로 공제한다.

③ 매매사례가액과 감정가액을 적용함에 있어 특수관계인과의 거래에 따른 가액 등으로서 객관적으로 부당하다고 인정되는 경우에는 해당 가액을 적용하지 아니한다.

④ 취득가액을 실지거래가액이 아닌 환산가액으로 하는 경우 사업소득금액 계산시 필요경비로 산입한 감가상각비는 취득가액에서 공제하지 않는다.

⑤ 취득가액을 환산가액으로 하는 경우로서 환산가액과 개산공제액의 합계액이 자본적지출액과 양도비용의 합계액보다 적은 경우에는 자본적지출액과 양도비용의 합계액을 필요경비로 할 수 있다.

23 다음 자료에서 미등기된 토지(900m²)의 양도차익은 얼마인가? (양도소득세 부담을 최소화하기로 함)

> ㉠ 취득당시 실지거래가액 : 확인할 수 없음
> ㉡ 양도당시 실지거래가액 : 1,000,000,000원
> ㉢ 취득당시 매매사례가액 및 감정가액은 없다.
> ㉣ 취득당시 개별공시지가 : 200,000,000원
> ㉤ 양도당시 개별공시지가 : 500,000,000원
> ㉥ 택지조성비(자본적지출액) 지출액 : 80,000,000원(영수증 구비)
> ㉦ 양도시 중개보수 지출액 : 20,000,000원(영수증 구비)

① 299,400,000원
② 594,000,000원
③ 500,000,000원
④ 494,000,000원
⑤ 599,400,000원

24 「소득세법」상 등기된 토지의 양도차익계산에 관한 설명으로 틀린 것은? (단, 특수관계자와의 거래가 아님)

① 양도와 취득시의 실지거래가액을 확인할 수 있는 경우에는 양도가액과 취득가액을 실지거래가액으로 산정한다.

② 취득당시 실지거래가액을 확인할 수 없는 경우에는 매매사례가액, 환산가액, 감정가액, 기준시가를 순차로 적용하여 산정한 가액을 취득가액으로 한다.

③ 취득가액을 실지거래가액으로 계산하는 경우 자본적 지출액은 필요경비에 포함되고, 취득가액을 매매사례가액으로 계산하는 경우 취득당시 개별공시지가에 3/100을 곱한 금액이 필요경비에 포함된다.

④ 양도가액을 기준시가에 따를 때에는 취득가액도 기준시가에 따른다.

⑤ 환산가액은 양도가액을 추계할 경우에는 적용되지 않지만 취득가액을 추계할 경우에는 적용된다.

❖ Key Point | **장기보유특별공제 (필수서 p.38)**

1. **취지**: 동결효과 방지, 결집효과 완화
2. **적용대상**: 토지·건물·조합원입주권(3년 이상 보유)
3. **적용배제**: 미등기양도자산, (1세대 2주택 이상 + 조정대상지역 주택)
4. **보유기간**
   ① 취득일 ~ 양도일
   ② 이월과세: 증여자가 취득한 날부터 기산
5. **장기보유특별공제액**: 양도차익 × 공제율
   ① ② 이외(2%씩): 6% ~ 30%
   ② 1세대 1주택인 고가주택(2년 이상 거주): [(보유기간: 4%씩) + (거주기간: 4%씩)]
6. **동일연도에 수회 양도**: 자산별

---

25 「소득세법」상 장기보유특별공제에 관한 설명으로 틀린 것은?

① 장기보유특별공제액은 건물의 양도가액에 보유기간별 공제율을 곱하여 계산한다.
② 보유기간이 3년 이상인 등기된 상가건물은 장기보유특별공제가 적용된다.
③ 100분의 70의 세율이 적용되는 미등기 건물에 대해서는 장기보유특별공제를 적용하지 아니한다.
④ 1세대 1주택 요건을 충족한 고가주택(보유기간 3년 6개월)이 과세되는 경우 장기보유특별공제가 적용된다.
⑤ 보유기간이 17년인 등기된 상가건물의 보유기간별 공제율은 100분의 30이다.

26 다음의 자산 중 「소득세법」상 장기보유특별공제가 적용되는 것은?

① 3년 보유한 등기된 부동산임차권
② 2년 보유한 상가
③ 4년 보유한 미등기된 토지
④ 4년 6개월 보유한 1세대 3주택에 해당하는 등기된 주택(양도가액 10억원, 조정대상지역이 아님)
⑤ 5년 보유한 골프 회원권

❖ Key Point / 양도소득기본공제 (필수서 p.41)

1. **소득별로 각각 연(1월 1일~12월 31일) 250만원 = 결손금의 통산**
   ① 토지·건물, 부동산에 관한 권리, 기타자산(미등기양도자산은 제외)
   ② 주식 또는 출자지분(주식 등)
   ③ 파생상품 등
   ④ 신탁 수익권
2. **공제 순서**
   ① 감면 외, 감면 외 : 먼저 양도한 자산부터
   ② 감면, 감면 외 : 감면 외에서 먼저 공제
3. **공유자산** : 공유자 각자

---

27 양도소득세 과세표준 계산시 공제되는 양도소득기본공제에 대한 설명으로 틀린 것은?

① 양도소득이 있는 거주자에 대해서는 소득별로 해당 과세기간의 양도소득금액에서 각각 연 250만원을 공제한다.

② 소득별이란 토지·건물·부동산에 관한 권리·기타자산의 소득과 주식 또는 출자 지분의 소득, 파생상품 등, 신탁 수익권으로 구분한다.

③ 법령이 정한 미등기양도자산과 법령에 따른 비사업용토지는 양도소득기본공제를 적용하지 않는다.

④ 양도소득금액에 「소득세법」 또는 「조세특례제한법」이나 그 밖의 법률에 따른 감면 소득금액이 있는 경우에는 그 감면소득금액 외의 양도소득금액에서 먼저 공제하고, 감면소득금액 외의 양도소득금액 중에서는 해당 과세기간에 먼저 양도한 자산의 양 도소득금액에서부터 순서대로 공제한다.

⑤ 2 이상의 양도자산 중 어느 자산을 먼저 양도하였는지의 여부가 불분명한 경우에는 납세자에게 유리한 양도소득금액에서부터 공제한다.

---

28 양도소득세는 1과세기간에 여러 차례 양도가 있는 경우 각각의 양도에서 발생한 소득금 액 또는 결손금을 통산하여 과세한다. 다음은 통산할 수 있는 자산을 열거하였다. 다른 하나는?

① 토지

② 부동산을 취득할 수 있는 권리

③ 비상장주식

④ 사업에 사용하는 토지·건물 및 부동산에 관한 권리와 함께 양도하는 영업권

⑤ 특정시설물이용권

◈ Key Point | 양도소득세 세율 (필수서 p.44)

1. 토지 또는 건물 · 부동산에 관한 권리 및 기타자산 : 6 ∼ 45%
   (분양권의 경우에는 양도소득 과세표준의 100분의 60)
2. 토지 또는 건물 및 부동산에 관한 권리로서 그 보유기간이 1년 이상 2년 미만 : 양도소득 과세표준의 100분의 40(주택, 조합원입주권 및 분양권의 경우에는 100분의 60)
3. 토지 또는 건물 및 부동산에 관한 권리로서 그 보유기간이 1년 미만 : 양도소득 과세표준의 100분의 50(주택, 조합원입주권 및 분양권의 경우에는 100분의 70)
4. 비사업용 토지 : [기본세율 + 10%p] → [16 ∼ 55%]
5. 미등기양도자산 : 양도소득 과세표준의 100분의 70
6. 주식 등
7. 해외주식
8. 파생상품
9. 신탁 수익권
10. [1세대 2주택 + 조정대상지역 주택 양도] : [기본세율 + 20%p] → [26 ∼ 65%]
11. [1세대 3주택 이상 + 조정대상지역 주택 양도] : [기본세율 + 30%p] → [36 ∼ 75%]

■ 세율 적용시 주의사항

1. 하나의 자산이 둘 이상에 해당 : 산출세액 중 큰 것
2. 세율 적용시 보유기간 계산(취득일)
   ① 상속받은 자산을 양도하는 경우 : 피상속인이 그 자산을 취득한 날
   ② 이월과세 : 증여자가 그 자산을 취득한 날

29 다음은 양도소득세의 세율에 관한 내용이다. 틀린 것은?

① 등기되고 2년 이상 보유한 토지와 건물 및 부동산에 관한 권리를 양도한 경우에는 초과누진세율이 적용된다.

② 세율 적용시 보유기간은 해당 자산의 취득일부터 양도일까지로 한다. 다만, 이월과 세에 해당하는 자산은 증여자가 그 자산을 취득한 날을 그 자산의 취득일로 본다.

③ 2년 이상 보유한 비사업용 토지를 양도함으로써 발생하는 소득에 대해서는 기본세 율에 100분의 10을 더한 세율을 적용한다.

④ 기타자산에 대한 세율은 보유기간이 2년 이상이면 6% ～ 45%의 8단계 초과누진세 율을 적용하고, 1년 미만이면 50%의 비례세율을 적용한다.

⑤ 조정대상지역 밖 주택의 입주자로 선정된 지위를 양도한 경우 보유기간이 1년 미만 인 경우에는 70%를, 2년 이상 보유한 경우에는 60%의 비례세율을 적용한다.

30 「소득세법」상 국내 부동산에 대한 양도소득과세표준의 세율에 관한 내용으로 옳은 것은?

① 1년 6개월 보유한 미등기된 상가 건물: 60%

② 1년 6개월 보유한 부동산과 함께 양도하는 영업권: 40%

③ 6개월 보유한 등기된 1세대 1주택: 40%

④ 6개월 보유하고 미등기 전매한 분양권(조정대상지역이 아님): 70%

⑤ 3년 보유한 등기된 1세대 2주택(조정대상지역이 아님): 50%

◆ Key Point │ 미등기양도 (필수서 p.49)

1. **미등기양도자산** : 토지·건물 및 부동산에 관한 권리를 취득한 자가 그 자산 취득에 관한 등기를 하지 않고 양도하는 것
2. **미등기양도자산에 대한 규제**
   ① 비과세와 감면 : 배제
   ② 필요경비개산공제 : 0.3%
   ③ 장기보유특별공제와 양도소득기본공제 : 배제(양도차익 = 양도소득금액 = 과세표준)
   ④ 세율 : 70%
3. **미등기양도자산 제외**
   ① 장기할부조건
   ② 법률의 규정 또는 법원의 결정에 따라 등기가 불가능한 자산
   ③ 비과세요건을 충족한 교환·분합하는 농지, 감면요건을 충족한 자경농지 및 대토하는 농지
   ④ 비과세요건을 충족한 1세대 1주택으로서 건축허가를 받지 않은 경우
   ⑤ 「도시개발법」에 따른 도시개발사업이 종료되지 아니하여 양도하는 토지
   ⑥ 건설사업자가 「도시개발법」에 따라 공사용역 대가로 취득한 체비지를 토지구획환지처분공고 전에 양도하는 토지

31 「소득세법」상 미등기양도자산에 관한 설명으로 틀린 것은?

① 양도소득세 비과세요건을 충족한 1세대 1주택으로서 「건축법」에 따른 건축허가를 받지 아니하여 등기가 불가능한 자산은 미등기양도자산에 해당하지 않는다.

② 장기보유특별공제 적용을 배제한다.

③ 미등기양도자산은 양도소득세 산출세액에 100분의 70을 곱한 금액을 양도소득 결정 세액에 더한다.

④ 「도시개발법」에 따른 도시개발사업이 종료되지 아니하여 토지 취득등기를 하지 아니 하고 양도하는 토지는 미등기양도자산에 해당하지 않는다.

⑤ 취득가액을 실지거래가액에 의하지 않는 경우 주택 취득당시 법령이 정하는 가격에 일정비율을 곱한 금액을 필요경비로 공제한다.

◈ Key Point | 양도소득세의 예정신고와 납부 (필수서 p.50)

1. 예정신고 · 납부기한
① 토지 · 건물, 부동산에 관한 권리, 기타자산, 신탁 수익권 : 양도일이 속하는 달의 말일부터 2개월 이내(2월 4일 토지 양도 : 4월 30일)
② 주식 등 : 양도일이 속하는 반기(半期)의 말일부터 2개월 이내(2월 4일 주식 양도 : 8월 31일)
③ 부담부증여 : 양도일이 속하는 달의 말일부터 3개월 이내(2월 4일 부담부증여 : 5월 31일)

2. 양도차익이 없거나 양도차손이 발생한 경우에도 적용한다(의무).

3. 예정신고 · 납부세액공제 : 폐지

4. 예정신고 · 납부 × → 가산세 ○
① 무신고가산세 : 20%(일반), 40%(부당)
② 과소신고가산세 : 10%(일반), 40%(부당)
③ 납부지연가산세 : ㉠ + ㉡
  ㉠ 미납세액 × (납부기한의 다음 날 ~ 납부일) × 1일 10만분의 22
  ㉡ 납부고지 후 미납세액 × 100분의 3

---

32 甲이 등기된 국내소재 공장(건물)을 양도한 경우, 양도소득 과세표준 예정신고에 관한 설명으로 틀린 것은 몇 개인가? (단, 甲은 소득세법상 부동산매매업을 영위하지 않는 거주자이며 국세기본법상 기한연장 사유는 없음)

> ㉠ 2024년 3월 31일에 양도한 경우, 예정신고기한은 2024년 5월 31일이다.
> ㉡ 예정신고 기간은 양도일이 속한 연도의 다음 연도 5월 1일부터 5월 31일까지이다.
> ㉢ 양도차손이 발생한 경우 예정신고하지 아니한다.
> ㉣ 예정신고시 예정신고납부세액공제(산출세액의 10%)가 적용된다.
> ㉤ 예정신고를 하지 않은 경우 확정신고를 하면, 예정신고에 대한 가산세는 부과되지 아니한다.
> ㉥ 예정신고납부를 할 때 양도차익에서 장기보유특별공제와 양도소득기본공제를 한 금액에 해당 양도소득세 세율을 적용하여 계산한 금액을 그 산출세액으로 한다.

① 1개   ② 2개   ③ 3개
④ 4개   ⑤ 5개

Key Point | 양도소득세의 확정신고와 납부 (필수서 p.51)

1. **확정신고 · 납부기한**
   ① 그 과세기간의 다음 연도 5월 1일부터 5월 31일까지
   ② 해당 과세기간의 과세표준이 없거나 결손금액이 있는 경우에도 적용한다(의무).
   ③ 예정신고를 한 자는 ①에도 불구하고 해당 소득에 대한 확정신고를 하지 아니할 수 있다. 다만, 당해 연도에 누진세율의 적용대상 자산에 대한 예정신고를 2회 이상 한 자가 이미 신고한 양도소득금액과 합산하여 신고하지 아니한 경우에는 그러하지 아니하다.

2. **확정신고 · 납부 × → 가산세 ○**
   ① 무신고가산세: 20%(일반), 40%(부당)
   ② 과소신고가산세: 10%(일반), 40%(부당)
   ③ 납부지연가산세: ㉠ + ㉡
   　㉠ 미납세액 × (납부기한의 다음 날 ~ 납부일) × 1일 10만분의 22
   　㉡ 납부고지 후 미납세액 × 100분의 3
   ④ 예정신고와 관련하여 가산세가 부과되는 부분에 대해서는 확정신고와 관련하여 무신고가산세를 적용하지 아니한다(중복 ×).

3. **감정가액 또는 환산취득가액 적용에 따른 가산세**
   ① 건물을 신축 또는 증축하고 5년 이내에 양도하는 경우
   ② 감정가액 또는 환산취득가액을 그 취득가액으로 하는 경우
   ③ 감정가액 또는 환산취득가액의 100분의 5

Key Point | 양도소득세의 분할납부와 부가세 (필수서 p.52)

1. **분할납부**
   ① <u>예정신고납부 · 확정신고납부할</u> 세액이 각각 1천만원 초과
   ② 납부기한이 지난 후 2개월 이내
   ③ <u>분납할 수 있는 세액</u>(나중에 낼 수 있는 금액)
   　㉠ 납부할 세액이 2천만원 이하인 때: 1천만원을 초과하는 금액
   　㉡ 납부할 세액이 2천만원을 초과하는 때: 그 세액의 100분의 50 이하의 금액

   사례 **2월 4일에 토지를 양도한 경우**

납부할 세액	예정신고납부기한(4월 30일)	분할납부(6월 30일)
㉠ 15,000,000원	10,000,000원 ↑	5,000,000원 ↓
㉡ 30,000,000원	15,000,000원 ↑	15,000,000원 ↓

2. **물납**: 폐지(2015년 12월 15일)
3. **양도소득세의 부가세**: 농어촌특별세(감면세액의 20%)

33 「소득세법」상 거주자의 양도소득 과세표준 및 세액의 신고·납부에 관한 설명으로 옳은 것은?

① 양도차익이 없거나 양도차손이 발생한 경우에도 양도소득 과세표준의 예정신고를 하여야 한다.

② 건물을 신축하고 그 취득일부터 3년 이내에 양도하는 경우로서 감정가액을 취득가액으로 하는 경우에는 그 감정가액의 100분의 3에 해당하는 금액을 양도소득 결정세액에 가산한다.

③ 토지 또는 건물을 양도한 경우에는 그 양도일부터 2개월 이내에 양도소득 과세표준을 신고해야 한다.

④ 예정신고납부할 세액이 2천만원을 초과하는 때에는 1천만원을 초과하는 금액을 납부기한이 지난 후 2개월 이내에 분할납부할 수 있다.

⑤ 당해연도에 누진세율의 적용대상 자산에 대한 예정신고를 2회 이상 한 자가 법령에 따라 이미 신고한 양도소득금액과 합산하여 신고하지 아니한 경우에는 양도소득 과세표준의 확정신고를 할 필요가 없다.

34 다음은 양도소득세의 신고 및 납부에 관련된 설명이다. 틀린 것은?

① 예정신고납부를 할 때 양도차익에서 장기보유특별공제와 양도소득기본공제를 한 금액에 해당 양도소득세 세율을 적용하여 계산한 금액을 그 산출세액으로 한다.

② 복식부기의무자가 아닌 거주자가 매매계약서의 조작을 통하여 양도소득세 과세표준을 과소신고한 경우에는 과세표준 중 부당한 방법으로 과소신고한 과세표준에 상당하는 금액이 과세표준에서 차지하는 비율을 산출세액에 곱하여 계산한 금액의 100분의 40에 상당하는 금액을 납부할 세액에 가산한다.

③ 납세지 관할세무서장은 양도소득이 있는 국내거주자가 조세를 포탈할 우려가 있다고 인정되는 상당한 이유가 있는 경우에는 수시로 그 거주자의 양도소득세를 부과할 수 있다.

④ 甲이 등기된 국내소재 공장(건물)을 2024년 7월 15일에 양도한 경우, 예정신고기한은 2024년 9월 15일이다.

⑤ 거주자가 양도소득세 확정신고에 따라 납부할 세액이 1천800만원인 경우 최대 800만원까지 분할납부할 수 있다.

◈ Key Point · 국외자산양도에 대한 양도소득세 (필수서 p.56)

1. 납세의무자 : 5년 이상
2. 국외자산 양도소득의 범위(과세대상자산) : 등기 여부와 관계없이 과세
   ⓒⓕ 환율변동으로 인한 환차익을 제외
3. 양도가액·취득가액의 산정 : 실지거래가액
4. 필요경비개산공제 : 적용 배제
5. 장기보유특별공제 : 적용 배제
6. 양도소득기본공제 : 적용(소득별, 연 250만원)
7. 양도차익의 외화환산 : 기준환율(USD : ₩) 또는 재정환율(USD 이외 : ₩)
8. 국외자산 양도소득세의 세율 : 기본세율(6 ~ 45%)
   ⓒⓕ 국내자산과 비교 : 미등기양도세율, 보유기간 관계없음
9. 외국납부세액의 공제(둘 중 선택 가능)
   ① 산출세액에서 공제하는 방법(외국납부세액공제방법)
   ② 필요경비에 산입하는 방법
10. 분할납부 ○, 물납 ×

---

35 「소득세법」상 거주자가 국외자산을 양도한 경우에 관한 설명으로 틀린 것은? (단, 해당 과세기간에 다른 자산의 양도는 없음)

① 국외자산 양도로 발생하는 소득이 환율변동으로 인하여 외화차입금으로부터 발생하는 환차익을 포함하고 있는 경우에는 해당 환차익을 양도소득의 범위에서 제외한다.

② 소득세법상 국외자산의 양도에 대한 양도소득세 과세에 있어서 국내자산의 양도에 대한 양도소득세 규정 중 양도소득의 부당행위계산은 준용하지 않는다.

③ 국외에 있는 부동산에 관한 권리로서 미등기 양도자산의 양도로 발생하는 소득은 양도소득의 범위에 포함된다.

④ 국외자산에 대한 양도차익 계산시 필요경비개산공제는 적용하지 아니한다.

⑤ 국외자산의 양도소득에 대하여 해당 외국에서 과세를 하는 경우로서 법령이 정한 그 국외자산 양도소득세액을 납부하였거나 납부할 것이 있을 때에는 외국납부세액의 세액공제방법과 필요경비 산입방법 중 하나를 선택하여 적용할 수 있다.

◆ Key Point | **비과세 양도소득 (필수서 p.58)**

1. 파산선고에 의한 처분으로 발생하는 소득
2. 농지의 교환 또는 분합으로 인하여 발생하는 소득 : ① + ② **동시충족**
   (1) **사유요건**(어느 하나에 해당하는 경우)
      ① **국가** 또는 지방자치단체가 시행하는 사업
      ② **국가** 또는 지방자치단체가 소유하는 토지와 교환
      ③ **경작상 필요**에 의하여 교환하는 농지. 다만, 교환에 의하여 새로이 취득하는 농지를 3년 이상 농지소재지에 거주하면서 경작하는 경우에 한한다.
         ⓒⓕ 새로운 농지의 취득 후 3년 이내에 수용되는 경우에는 3년 이상 농지소재지에 거주하면서 경작한 것으로 본다.
      ④ 「농어촌정비법」 등에 의하여 교환 또는 분합하는 농지
   (2) **금액요건**
      쌍방 토지가액의 차액이 가액이 큰 편의 4분의 1 이하인 경우
3. 1세대 1주택(고가주택은 제외)과 이에 딸린 토지(주택부수토지)의 양도로 발생하는 소득
4. 조합원입주권을 1개 보유한 1세대가 법정 요건을 충족하여 양도하는 경우 해당 조합원입주권을 양도하여 발생하는 소득
5. 「지적재조사에 관한 특별법」 제18조에 따른 경계의 확정으로 지적공부상의 면적이 감소되어 같은 법 제20조에 따라 지급받는 조정금
   ▤ 8년 이상 자경한 농지의 양도, 농지의 대토로 인하여 발생하는 소득 : 감면

36 「소득세법」상 농지교환으로 인한 양도소득세와 관련하여 (   )에 들어갈 내용으로 옳은 것은?

> • 농지란 논밭이나 과수원으로서 지적공부의 지목과 관계없이 실제로 경작에 사용되는 토지를 말하며, 농지의 경영에 직접 필요한 농막, 퇴비사, 양수장, 지소(池沼), 농도(農道) 및 수로(水路) 등에 사용되는 토지를 (㉠).
> • 「국토의 계획 및 이용에 관한 법률」에 따른 주거지역·상업지역·공업지역 외에 있는 농지(환지예정지 아님)를 경작상 필요에 의하여 교환함으로써 발생한 소득은 쌍방 토지가액의 차액이 가액이 큰 편의 (㉡) 이하이고, 새로이 취득한 농지를 (㉢) 이상 농지소재지에 거주하면서 경작하는 경우 비과세한다.
> • 「국토의 계획 및 이용에 관한 법률」에 따른 개발제한구역에 있는 농지는 (㉣)에 해당하지 아니한다(단, 소유기간 중 개발제한구역 지정·변경은 없음).

	㉠	㉡	㉢	㉣
①	포함한다	4분의 1	3년	비사업용 토지
②	포함한다	4분의 1	5년	비사업용 토지
③	포함하지 아니한다	4분의 1	3년	사업용 토지
④	포함하지 아니한다	4분의 1	3년	비사업용 토지
⑤	포함한다	3분의 1	1년	비사업용 토지

◈ Key Point / 1세대 1주택의 양도소득에 대한 비과세 (필수서 p.59)

1. 1세대
(1) 원칙 : 거주자 + 배우자
(2) 예외 : 배우자가 없는 때에도 1세대로 봄

2. 1주택
(1) 원칙 : 양도일 현재 국내에 1주택을 보유
  ① 주택의 개념 : 상시 주거용
  ② 부수토지 : 3배, 5배, 10배
  ③ 용도구분 : 사실상의 용도
  ④ 다가구주택(각각) : 하나의 매매단위 → 전체를 하나의 주택
(2) 겸용주택 : 면적
(3) 고가주택 : 양도당시 실지거래가액의 합계액이 12억원을 초과
(4) 1세대 1주택의 특례(1세대 2주택)
  ① 원칙 : 과세
  ② 예외 : 1세대 1주택으로 본다.
    ㉠ 일시적인 2주택의 경우 : 1년 이상 지난 후, 3년 이내 종전의 주택
    ㉡ 상속 : 일반주택
    ㉢ 동거봉양 : 합친 날부터 10년 이내 먼저 양도하는 주택
    ㉣ 혼인 : 혼인한 날부터 5년 이내 먼저 양도하는 주택
    ㉤ 문화재주택 : 일반주택
    ㉥ 농어촌주택 : 일반주택
    ㉦ 지방주택(수도권 밖에 소재하는 주택) : 3년 이내 일반주택

3. 2년 이상 보유
(1) 원칙 : 양도일 현재 해당 주택의 보유기간이 2년 이상
  ㏊ 2017년 8월 3일 이후 취득 당시 조정대상지역 : 거주기간 2년 이상
(2) 예외 : 보유기간 및 거주기간의 제한을 받지 아니하는 경우
  ① 5년 이상 거주 : 임대주택
  ② 거주기간에 제한 ×
    ㉠ 수용
    ㉡ 이민 : 출국일부터 2년 이내 양도
    ㉢ 유학, 주재원 파견 : 출국일부터 2년 이내 양도
  ③ 1년 이상 거주 : 취학(고등학교 이상), 근무상의 형편, 질병의 치료 또는 요양, 학교 폭력으로 인한 전학

37 다음과 같은 건물(수도권 내의 녹지지역에 소재)을 취득한 후 비과세요건을 갖춘 자가 당해 건물을 10억원에 양도하였을 경우 양도소득세의 비과세 범위로 옳은 것은?

> ㉠ 대지면적 : 1,200m²
> ㉡ 건물연면적 : 200m²
> ㉢ 주거용으로 사용되는 건물면적 : 150m²
> ㉣ 상업용으로 사용되는 건물면적 : 50m²

① 대지 1,000m², 건물 150m²
② 대지 200m², 건물 200m²
③ 대지 1,000m², 건물 200m²
④ 대지 200m², 건물 150m²
⑤ 모두 비과세된다.

38 을(乙)은 7억원에 취득한 주택을 2년 이상 보유·거주하다가 15억원에 양도하였다. 이 경우 과세되는 양도차익은 얼마인가? [단, 을(乙)은 다른 주택이 없고, 취득가액을 포함한 총 필요경비는 10억원으로 가정한다]

① 2천만원 　　　　② 4천만원 　　　　③ 1억원
④ 1억6천만원 　　　⑤ 2억원

39 「소득세법」상 거주자의 양도소득세 비과세에 관한 설명으로 옳은 것은 몇 개인가?

> ㉠ 「국토의 계획 및 이용에 관한 법률」에 따른 주거지역·상업지역·공업지역 외에 있는 농지(환지예정지 아님)를 경작상 필요에 의하여 교환함으로써 발생한 소득은 쌍방 토지가액의 차액이 가액이 큰 편의 4분의 1 이하이고 새로이 취득한 농지를 3년 이상 농지소재지에 거주하면서 경작하는 경우 비과세한다.
>
> ㉡ 토지와 건물을 각각 다른 세대가 소유하고 있는 경우에는 해당 토지는 1세대 1주택에 부수되는 토지로 보지 아니하는 것이다. 따라서 주택과 그 부수토지의 소유자가 각각 다른 세대원인 경우 해당 부수토지의 양도소득에 대하여는 비과세되지 아니한다. 해당 주택만이 비과세되는 것이다.
>
> ㉢ 1주택을 보유하는 자가 1주택을 보유하는 자와 혼인함으로써 1세대가 2주택을 보유하게 되는 경우 혼인한 날부터 5년 이내에 먼저 양도하는 주택은 이를 1세대 1주택으로 보아 「소득세법 시행령」 제154조 제1항을 적용한다.
>
> ㉣ 1세대 1주택에 대한 비과세 규정을 적용함에 있어 하나의 건물이 주택과 주택 외의 부분으로 복합되어 있는 경우 주택의 연면적이 주택 외의 연면적보다 클 때에는 그 전부를 주택으로 본다.
>
> ㉤ 1세대 1주택 비과세 요건을 충족하는 고가주택의 양도가액이 16억원이고 양도차익이 4억원인 경우 양도소득세가 과세되는 양도차익은 1억원이다.

① 1개   ② 2개   ③ 3개

④ 4개   ⑤ 5개

✦ Key Point | **이월과세**(양도소득의 필요경비 계산 특례) **(필수서 p.66)**

(= 배우자·직계존비속 간 증여재산에 대한 이월과세)
(토지, 건물, 부동산을 취득할 수 있는 권리, 특정시설물이용권·회원권)

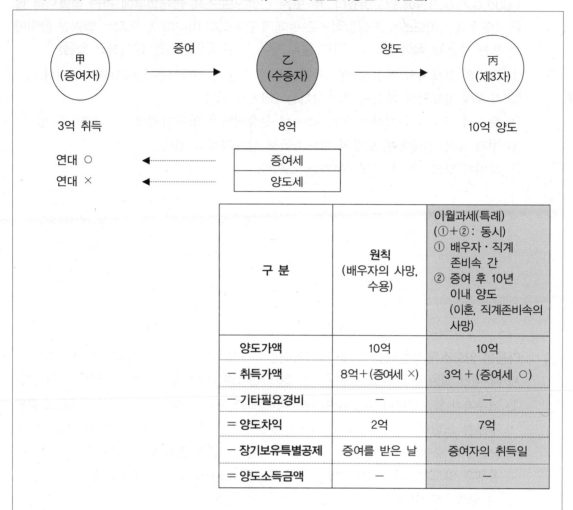

구 분	원칙 (배우자의 사망, 수용)	이월과세(특례) (①+②: 동시) ① 배우자·직계 존비속 간 ② 증여 후 10년 이내 양도 (이혼, 직계존비속의 사망)
양도가액	10억	10억
− 취득가액	8억＋(증여세 ×)	3억 ＋ (증여세 ○)
− 기타필요경비	−	−
= 양도차익	2억	7억
− 장기보유특별공제	증여를 받은 날	증여자의 취득일
= 양도소득금액	−	−

> 📘용어 **이월과세의 적용배제 ⇨ 원칙**
>
> 1. 사업인정고시일부터 소급하여 2년 이전에 배우자·직계존비속으로부터 증여받은 경우로서 법률에 따라 협의매수 또는 수용된 경우
> 2. 이월과세를 적용할 경우 1세대 1주택의 양도소득에 대한 비과세대상 주택의 양도에 해당하게 되는 경우
> 3. 이월과세를 적용하여 계산한 양도소득결정세액이 이월과세를 적용하지 않고 계산한 양도소득결정세액보다 적은 경우

40 거주자 甲은 배우자인 거주자 乙이 2014.3.1.에 300,000,000원에 취득한 토지를 2020.4.1.에 乙로부터 증여(증여 당시 시가 700,000,000원) 받아 소유권이전등기를 마쳤다. 이후 甲은 2024.6.1.에 토지를 甲 또는 乙과 특수관계없는 거주자 丙에게 1,000,000,000원에 양도하였다. 甲 또는 乙의 양도소득 납세의무에 관한 설명으로 옳은 것은? (단, 양도소득은 실질적으로 甲에게 귀속되지 아니하고, 토지는 법령상 협의매수 또는 수용된 적이 없으며, 양도 당시 甲과 乙은 혼인관계를 유지하고 있음)

① 토지의 양도차익 계산시 양도가액에서 공제할 취득가액은 700,000,000원이다.

② 토지의 양도차익 계산시 취득시기는 2014.3.1.이다.

③ 토지의 양도차익 계산시 甲의 증여세 산출세액은 양도가액에서 공제할 수 없다.

④ 甲과 乙은 연대하여 토지의 양도소득세 납세의무를 진다.

⑤ 토지의 양도소득세 납세의무자는 乙이다.

41 다음은 양도소득의 필요경비 계산 특례(배우자·직계존비속 간 증여재산에 대한 이월과세)에 대한 설명이다. 틀린 것은? (단, 2023년 1월 1일 이후 증여받은 것으로 가정함)

① 거주사가 양도일부터 소급하여 10년 이내에 그 배우자(양도 당시 혼인관계가 소멸된 경우를 포함하되, 사망으로 혼인관계가 소멸된 경우는 제외한다) 또는 직계존비속으로부터 증여받은 부동산, 부동산을 취득할 수 있는 권리 및 기타자산 중 시설물이용권의 양도차익을 계산할 때 취득가액은 그 배우자 또는 직계존비속의 취득 당시의 금액으로 한다.

② 이월과세 적용시 증여받은 수증자가 부담한 증여세 상당액은 해당 자산에 대한 양도차익을 한도로 필요경비에 산입된다.

③ 증여받은 배우자 등이 수증일부터 10년 이내에 타인에게 양도함으로써 이월과세를 적용하는 경우 10년의 계산은 등기부에 기재된 소유기간에 따른다.

④ 이월과세 적용시 증여자와 수증자 간에 증여세와 양도소득세에 대한 연대납세의무는 없다.

⑤ 직계존비속으로부터 증여받은 자산의 양도차익을 계산할 때 해당 자산을 증여한 직계존비속이 사망한 경우에도 이월과세 규정이 적용된다.

🔷 Key Point | 저가양도 · 고가양수 (필수서 p.67)

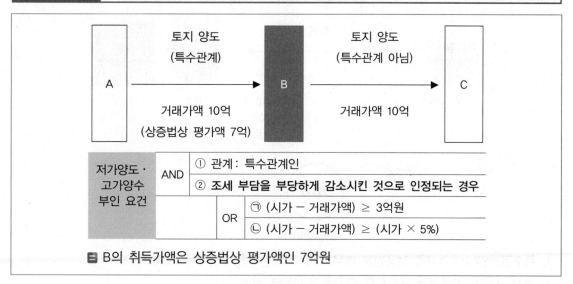

저가양도 · 고가양수 부인 요건	AND	① 관계 : 특수관계인	
		② 조세 부담을 부당하게 감소시킨 것으로 인정되는 경우	
		OR	㉠ (시가 − 거래가액) ≥ 3억원
			㉡ (시가 − 거래가액) ≥ (시가 × 5%)

🔳 B의 취득가액은 상증법상 평가액인 7억원

42 甲이 2017.03.05 특수관계인인 乙로부터 토지를 3억2천만원(시가 3억원)에 취득하여 2024.10.28 甲의 특수관계인인 丙에게 그 토지를 4억8천만원(시가 5억원)에 양도한 경우 甲의 양도차익은 얼마인가? (다만, 토지는 등기된 국내 소재의 소득세법상 비사업용 토지이고, 취득가액 외의 필요경비는 없으며, 甲·乙·丙은 거주자이고, 배우자 및 직계 존비속 관계가 없음)

① 1억원

② 1억5천만원

③ 1억6천만원

④ 1억8천만원

⑤ 2억원

◈ Key Point | 증여 후 양도행위의 부인(우회양도 부인) (필수서 p.67)

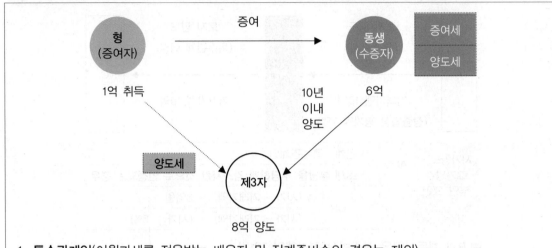

1. **특수관계인**(이월과세를 적용받는 배우자 및 직계존비속의 경우는 제외)
2. **조세 부담을 부당하게 감소시킨 것으로 인정되는 경우**
   ⇨ [수증자(동생)의 증여세 + 양도세] < [증여자(형)의 양도세]
   ⇨ 부인
   ① 양도세 납세의무자 : 증여자(형)[수증자(동생)는 연대납세의무]
   ② 수증자(동생)의 증여세 : 부과를 취소하고 환급
3. **적용 배제** : 양도소득이 해당 수증자(동생)에게 실질적으로 귀속된 경우

---

43 소득세법령상 거주자 甲이 배우자 및 직계존비속이 아닌 특수관계인에게 2024년 3월 1일에 자산을 증여한 후 그 자산을 증여받은 자가 그 증여일부터 10년 이내에 다시 타인에게 양도한 경우에 관한 설명으로 옳은 것은?

① 甲이 그 자산을 직접 양도한 것으로 보되, 특수관계인이 증여세를 납부한다는 점을 고려하여 양도차익 계산시 취득가액은 증여시의 가액으로 한다.

② 甲이 자산을 직접 양도한 것으로 보는 경우 그 양도소득에 대해서는 甲과 증여받은 자가 연대하여 납세의무를 진다.

③ 甲에게 양도소득세가 과세되는 경우에는 수증자가 당초 증여받은 자산에 대하여 납부한 증여세는 필요경비에 산입한다.

④ 양도소득이 수증자에게 실질적으로 귀속된 경우에도 甲이 그 자산을 직접 양도한 것으로 본다.

⑤ 특수관계인이 그 자산을 양도한 것으로 보되 양도차익 계산시 취득가액은 甲의 취득당시 가액으로 한다.

⚙ Key Point | **양도소득세 종합문제**

1. 각 지문이 어느 파트를 묻는가를 파악한다. (키워드 동그라미)
2. 처음 보는 지문은 무조건 통과한다.

---

44 「소득세법」상 양도소득세에 관한 설명으로 옳은 것은?

① 거주자가 국내 상가건물을 양도한 경우 거주자의 주소지와 상가건물의 소재지가 다르다면 양도소득세 납세지는 거주자의 주소지이다.

② 비거주자가 국외 토지를 양도한 경우 양도소득세 납부의무가 있다.

③ 국내에 1주택만을 보유하고 있는 1세대가 해외이주로 세대전원이 출국하는 경우 출국일부터 3년이 되는 날 해당 주택을 양도하면 비과세된다.

④ 농지를 교환할 때 쌍방 토지가액의 차액이 가액이 작은 편의 4분의 1인 경우 발생하는 소득은 비과세된다.

⑤ 거주자가 국외 주택을 양도한 경우 양도일까지 계속해서 5년간 국내에 주소를 두었다면 양도소득금액 계산시 장기보유특별공제가 적용된다.

45 「소득세법」상 거주자의 양도소득세와 「지방세법」상 거주자의 국내자산 양도소득에 대한 지방소득세에 관한 설명으로 틀린 것은?

① 「소득세법」상 농지란 논밭이나 과수원으로서 지적공부의 지목과 관계없이 실제로 경작에 사용되는 토지를 말하며, 농지의 경영에 직접 필요한 농막, 퇴비사, 양수장, 지소(池沼), 농도(農道) 및 수로(水路) 등에 사용되는 토지를 포함한다.

② 「건축법 시행령」[별표]에 의한 다가구주택을 구획된 부분별로 양도하지 아니하고 하나의 매매단위로 양도하여 단독주택으로 보는 다가구주택의 경우에는 그 전체를 하나의 주택으로 보아 법령에 따른 고가주택 여부를 판단한다.

③ 상업용 건물에 대한 새로운 기준시가가 고시되기 전에 취득 또는 양도하는 경우에는 직전의 기준시가에 의한다.

④ 양도소득에 대한 개인지방소득세 과세표준은 「소득세법」상 양도소득과세표준으로 하는 것이 원칙이다.

⑤ 「소득세법」상 보유기간이 8개월인 조합원입주권의 양도소득에 대한 개인지방소득세 세율은 양도소득에 대한 개인지방소득세 과세표준의 1백분의 70을 적용한다.

46 「소득세법」상 거주자의 양도소득세에 관한 설명으로 틀린 것은? (단, 국내소재 부동산의 양도임)

① A법인과 특수관계에 있는 주주가 시가 3억원(「법인세법」 제52조에 따른 시가임)의 토지를 A법인에게 5억원에 양도한 경우 양도가액은 3억원으로 본다. 단, A법인은 이 거래에 대하여 세법에 따른 처리를 적절하게 하였다.

② 1세대 1주택 비과세 요건을 충족하는 고가주택의 양도가액이 15억원이고 양도차익이 5억원인 경우 양도소득세가 과세되는 양도차익은 1억원이다.

③ 거주자 甲이 국내소재 1세대 1주택을 4년 6개월 보유·거주한 후 15억원에 양도한 경우 양도차익은 87,900,000원이다(취득가액은 확인 불가능하고 양도당시 기준시가는 5억원, 취득당시 기준시가는 3억 5천만원이며 주어진 자료 외는 고려하지 않는다).

④ 거주자 甲이 2018년 1월 20일에 취득한 건물을 甲의 배우자 乙에게 2022년 3월 5일자로 증여한 후, 乙이 2024년 5월 20일에 甲·乙의 특수관계인이 아닌 丙에게 양도한 경우 乙이 납부한 증여세는 양도소득세 납부세액 계산시 세액공제된다.

⑤ 「국토의 계획 및 이용에 관한 법률」에 따른 주거지역·상업지역·공업지역 외에 있는 농지(환지예정지 아님)를 경작상 필요에 의하여 교환함으로써 발생한 소득은 쌍방 토지가액의 차액이 가액이 큰 편의 4분의 1 이하이고 새로이 취득한 농지를 3년 이상 농지소재지에 거주하면서 경작하는 경우 비과세한다.

47 「소득세법」상 거주자의 양도소득 과세표준 계산에 관한 설명으로 틀린 것은?

> ⊙ 이미 납부한 확정신고세액이 관할세무서장이 결정한 양도소득 총결정세액을 초과할 때에는 해당 결정일부터 90일 이내에 환급해야 한다.
> ⓒ 양도일부터 소급하여 10년 이내에 그 배우자로부터 증여받은 토지의 양도차익을 계산할 때 그 증여받은 토지에 대하여 납부한 증여세는 양도가액에서 공제할 필요경비에 산입하지 아니한다.
> ⓒ 양도소득에 대한 과세표준은 종합소득 및 퇴직소득에 대한 과세표준과 구분하여 계산한다.
> ⓔ 「소득세법」 제104조 제3항에 따른 미등기 양도자산에 대하여는 장기보유특별공제를 적용하지 아니한다.
> ⓜ 1세대 1주택에 대한 비과세 규정을 적용함에 있어 하나의 건물이 주택과 주택 외의 부분으로 복합되어 있는 경우 주택의 연면적이 주택 외의 연면적보다 클 때에는 그 전부를 주택으로 본다.

① ⊙, ⓒ   ② ⊙, ⓒ   ③ ⊙, ⓔ
④ ⓒ, ⓒ   ⑤ ⓒ, ⓜ

48 「소득세법」상 거주자의 양도소득세에 관한 설명으로 옳은 것은 몇 개인가?

> ⊙ 특수관계인에게 증여한 자산에 대해 증여자인 거주자에게 양도소득세가 과세되는 경우 수증자가 부담한 증여세 상당액은 양도가액에서 공제할 필요경비에 산입한다.
>
> ⓒ 2018년 4월 1일 이후 지출한 자본적지출액은 그 지출에 관한 증명서류를 수취·보관하지 않고 실제 지출사실이 금융거래 증명서류에 의하여 확인되지 않는 경우에도 양도차익 계산시 양도가액에서 공제할 수 있다.
>
> ⓒ 과세기간별로 이미 납부한 확정신고세액이 관할세무서장이 결정한 양도소득 총결정세액을 초과한 경우 다른 국세에 충당할 수 없다.
>
> ② A법인과 특수관계에 있는 주주가 시가 3억원(「법인세법」 제52조에 따른 시가임)의 토지를 A법인에게 5억원에 양도한 경우 양도가액은 3억원으로 본다. 단, A법인은 이 거래에 대하여 세법에 따른 처리를 적절하게 하였다.
>
> ⑩ 증여자인 매형의 채무를 수증자가 인수하는 부담부증여인 경우에는 증여가액 중 그 채무액에 상당하는 부분은 그 자산이 유상으로 사실상 이전되는 것으로 본다.

① 1개   ② 2개   ③ 3개
④ 4개   ⑤ 5개

49 「소득세법」상 거주자의 양도소득세에 관한 설명으로 틀린 것은 몇 개인가?

> ⊙ 양도소득세 납세의무의 확정은 납세의무자의 신고에 의하지 않고 관할세무서장의 결정에 의한다.
>
> ⓒ 특수관계인 간의 거래가 아닌 경우로서 취득가액인 실지거래가액을 인정 또는 확인할 수 없어 그 가액을 추계결정 또는 경정하는 경우에는 매매사례가액, 감정가액, 기준시가의 순서에 따라 적용한 가액에 의한다.
>
> ⓒ 거주자가 국외 토지를 양도한 경우 양도일까지 계속해서 10년간 국내에 주소를 두었다면 양도소득과세표준을 예정신고하여야 한다.
>
> ② 2024년에 양도한 토지에서 발생한 양도차손은 10년 이내에 양도하는 토지의 양도소득금액에서 이월하여 공제받을 수 있다.
>
> ⑩ 부동산을 취득할 수 있는 권리의 양도시 기준시가는 양도일까지 불입한 금액과 양도일 현재의 프리미엄에 상당하는 금액을 합한 금액으로 한다.

① 1개   ② 2개   ③ 3개
④ 4개   ⑤ 5개

50 소득세법령상 1세대 1주택자인 거주자 甲이 2024년 양도한 국내소재 A주택(조정대상지역이 아니며 등기됨)에 대한 **양도소득과세표준은?** (단, 2024년에 A주택 외 양도한 자산은 없으며, 법령에 따른 적격증명서류를 수취·보관하고 있고 주어진 조건 이외에는 고려하지 않음)

구 분	기준시가	실지거래가액
양도시	20억원	25억원
취득시	10억원	확인 불가능
추가사항	• 양도비 및 자본적지출액 : 1억원 • 보유기간 및 거주기간 : 각각 5년	

① 1,220,000,000원

② 634,400,000원

③ 253,760,000원

④ 2,500,000원

⑤ 378,140,000원

⬦ Key Point | **취득 (필수서 p.69 ~ p.70)**

취 득	사실상의 취득	원시취득	토지	공유수면매립·간척
			건축물	건축 (신축과 재축)
		승계취득	유상승계	매매, 교환, 현물출자
			무상승계	상속, 증여
	취득의제 (간주취득)	토지	지목변경	임야 ⇨ 대지
		건축물	건축(신축과 재축은 제외), 개수	
		과점주주 의 취득	50%초과, 설립 ×	① 최초(모두) ② 증가된 경우(증가분)

1. 건 축

—		건축		—
원시취득	⇦	신축		취득의제
(신축, 재축)		증축	⇨	건축(신축, 재축 제외)
	⇦	재축		⇨ 증축, 개축, 이전
㉠ 과표 : 사실상 취득가격		개축	⇨	㉠ 과표 : 사실상 취득가격
㉡ 세율 : 2.8%		이전	⇨	㉡ 세율 : 2.8%

2. 토지의 지목변경

구 분	△△	⟶	▭
지 목	임 야	—	대 지
시가표준액	100,000,000원	—	300,000,000원
소요된 비용	—	50,000,000원	—
㉠ 과세표준	—	변경으로 증가한 가액에 해당하는 사실상 취득가격 200,000,000원 (3억원 − 1억원)	—
㉡ 세율 : 2% (세율의 특례)	—	2% (중과기준세율)	—
㉢ 산출세액	—	4,000,000원	—

51 「지방세법」상 취득세가 과세될 수 있는 경우가 아닌 것은?

① 법인이 부동산을 현물출자 받아 취득하는 경우

② 상속에 의하여 임야를 취득한 경우

③ 국가, 지방자치단체 또는 지방자치단체조합에 귀속 또는 기부채납을 조건으로 취득하는 부동산

④ 보유토지의 지목이 전(田)에서 대지(垈地)로 변경되어 가액이 증가한 경우

⑤ 건축물의 이전으로 인한 취득으로서 이전한 건축물의 가액이 종전 건축물의 가액을 초과하지 않는 경우

52 「지방세법」상 취득세가 과세되는 경우를 설명한 것 중 틀린 것은 몇 개인가?

> ㉠ 부동산의 취득은 「민법」 등 관계 법령에 따른 등기를 하지 아니한 경우라도 사실상 취득하면 취득한 것으로 본다.
>
> ㉡ 건물을 신축한 경우 과세표준은 사실상 취득가격이며 표준세율은 1천분의 28을 적용한다.
>
> ㉢ 건물을 개수한 경우 과세표준은 사실상 취득가격이며 세율은 중과기준세율을 적용한다(개수로 인하여 건축물 면적이 증가하지 아니함).
>
> ㉣ 토지의 지목을 사실상 변경함으로써 그 가액이 증가한 경우에 취득으로 보지 아니한다.
>
> ㉤ 법인설립시에 발행하는 주식 또는 지분을 취득함으로써 과점주주가 된 경우에는 취득으로 보지 아니한다.

① 1개   ② 2개   ③ 3개

④ 4개   ⑤ 5개

53 취득세가 과세되는 경우를 설명한 것 중 틀린 것은?

① 부동산을 증여에 의하여 취득하는 경우

② 부동산을 매매에 의하여 취득하는 경우

③ 무허가건물을 신축하는 경우

④ 매매에 의하여 골프 회원권을 취득한 경우

⑤ 존속기간 1년 이내인 공사현장사무소의 건축물을 취득한 경우

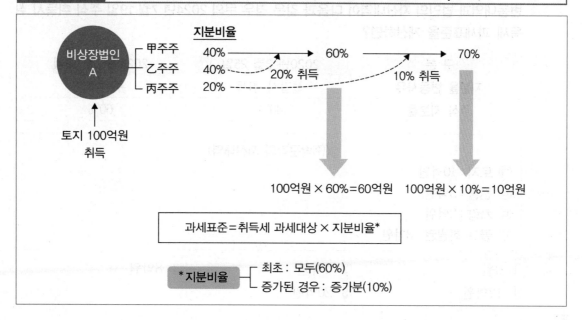

54 「지방세법」상 과점주주의 간주취득세에 대한 설명 중 틀린 것은? (단, 주식발행법인은 「자본시장과 금융투자업에 관한 법률 시행령」 제176조의9 제1항에 따른 유가증권시장에 상장한 법인이 아니며, 「지방세특례제한법」은 고려하지 않음)

① 과점주주 집단 내부에서 주식이 이전되었으나 과점주주 집단이 소유한 총주식의 비율에 변동이 없는 경우 과점주주 간주취득세의 납세의무는 없다.

② 개인인 "甲"이 비상장법인 설립시 70% 지분을 취득한 경우에는 취득세 납세의무가 없다.

③ 과점주주가 아닌 주주가 다른 주주로부터 주식을 취득함으로써 최초로 과점주주가 된 경우 취득세 납세의무가 있다.

④ 이미 과점주주가 된 주주가 해당 법인의 주식을 취득하여 해당 법인의 주식의 총액에 대한 과점주주가 가진 주식의 비율이 증가된 경우 과점주주 간주취득세의 납세의무는 있다.

⑤ 다른 주주의 주식이 감자됨으로써 비상장법인의 대주주인 "丙"의 지분비율이 60%에서 70%로 증가한 경우에는 취득세 납세의무가 있다.

55 甲은 판매업을 영위하는 비상장법인인 ㈜박문각의 주식을 소유하고 있다. 甲의 지분율의 변동내역과 법인의 자산내역이 다음과 같은 경우 甲의 2024년 7월 19일 주식 취득시 취득세 과세표준을 계산하면?

구 분	2020년 3월 25일	2024년 7월 19일
지분율 변동사유	설립시 취득	주식매입
주식 지분율	40%	60%

〈㈜박문각의 자산내역〉

㉠ 토지 : 10억원
㉡ 건물 : 5억원
㉢ 차량 : 2억원
㉣ 골프 회원권 : 3억원

① 0원   ② 4억원   ③ 8억원
④ 12억원   ⑤ 20억원

◈ **Key Point** **취득세 과세대상 (필수서 p.72)**

1. **토 지**
2. **건축물**: 사실상 용도에 따라 과세, 무허가 건축물도 과세
3. **차량, 기계장비, 선박, 항공기**
   ⓒ 원시취득 : 과세제외, 승계취득 : 과세
4. **광업권, 어업권, 양식업권**
   ⓒ 출원에 의한 원시취득은 면제, 승계취득은 과세
5. **입 목**
6. **골프 회원권, 승마 회원권, 콘도미니엄 회원권, 종합체육시설이용 회원권, 요트 회원권**

56 다음 중 취득세 과세대상이 되는 경우는?

① 유가증권시장에 상장된 주식을 취득한 경우

② 차량을 원시취득한 경우

③ 법인 설립시에 발행하는 주식 또는 지분을 취득함으로써 과점주주가 된 경우

④ 법인이 부동산을 현물출자 받아 취득하는 경우

⑤ 출판권을 상속받은 경우

◈ Key Point 취득세 납세의무자 (필수서 p.74)

1. 원칙 : 사실상의 취득자
2. 예 외
   (1) **주체구조부 취득자** : 건축물 중 조작설비 ~ 주체구조부 취득자 외의 자가 가설한 경우에도
   (2) **변경시점의 소유자** : 토지의 지목을 사실상 변경하는 경우
   (3) **상속인**
   (4) **조합원** : 주택조합 등이 해당 조합원용으로 취득
   (5) **과점주주**(50% 초과 + 실질적 행사)
      ① 최초 → 모두
      ② 증가된 경우 → 증가분
      ③ 설립시 과점주주 : 취득으로 보지 아니한다.

57 「지방세법」상 취득세의 납세의무에 관한 설명으로 틀린 것은?

① 부동산의 취득은 「민법」 등 관계 법령에 따른 등기를 하지 아니한 경우라도 사실상 취득하면 취득한 것으로 본다.

② 건축물 중 조작설비로서 그 주체구조부와 하나가 되어 건축물로서의 효용가치를 이루고 있는 것에 대하여는 주체구조부 취득자 외의 자가 가설한 경우에도 주체구조부의 취득자가 함께 취득한 것으로 본다.

③ 직계비속이 권리의 이전에 등기가 필요한 직계존속의 부동산을 서로 교환한 경우 무상으로 취득한 것으로 본다.

④ 「주택법」에 따른 주택조합이 해당 조합원용으로 취득하는 조합주택용 부동산(조합원에게 귀속되지 아니하는 부동산은 제외)은 그 조합원이 취득한 것으로 본다.

⑤ 법인설립시에 발행하는 주식 또는 지분을 취득함으로써 과점주주가 된 경우에는 취득으로 보지 아니한다.

◆ Key Point | 취득세 취득시기 (필수서 p.76)

1. **무상승계취득**
   ① 상속 : 상속개시일
   ② 증여 : 계약일 ㎝ 양도세 : 증여를 받은 날
      ㎝ 등기·등록하지 않고 계약이 해제된 사실이 입증 : 취득한 것으로 보지 않는다.

2. **유상승계취득**
   ① 사실상의 잔금지급일
   ② 사실상의 잔금지급일을 확인할 수 없는 경우 : 계약상의 잔금지급일
      ㎝ 등기·등록하지 않고 계약이 해제된 사실이 입증 : 취득한 것으로 보지 않는다.
   ③ 예외 : 등기·등록일(계약상 및 사실상 잔금지급일 전에 등기·등록한 경우)

3. **연부취득 : 사실상의 연부금 지급일**

4. **건축물을 건축(신축) : 사용승인서를 내주는 날과 사실상의 사용일 중 빠른 날**

5. **주택조합(사용검사를 받은 날), 재건축조합(소유권이전고시일의 다음 날)**

6. **매립·간척으로 인한 원시취득**
   ① 공사준공인가일
   ② 다만, 공사준공인가일 전에 사용승낙·허가를 받거나 사실상 사용하는 경우에는 사용승낙일·허가일 또는 사실상 사용일 중 빠른 날

7. **토지의 지목변경**
   ① 원칙 : 사실상 변경된 날과 공부상 변경된 날 중 빠른 날
   ② 예외 : 토지의 지목변경일 이전에 사용하는 부분에 대해서는 그 사실상의 사용일

8. **이혼(재산분할) : 등기·등록일**

58 「지방세법」상 취득의 시기 등에 관한 설명으로 틀린 것은?

① 부동산의 증여계약으로 인한 취득에 있어서 소유권이전등기를 하지 않고 계약일부터 계약일이 속하는 달의 말일부터 3개월 이내에 공증받은 공정증서로 계약이 해제된 사실이 입증되는 경우에는 취득한 것으로 보지 않는다.

② 유상승계취득의 경우 사실상의 잔금지급일을 확인할 수 없는 경우에는 그 계약상의 잔금지급일(계약상 잔금지급일이 명시되지 않은 경우에는 계약일부터 60일이 경과한 날을 말한다)에 취득한 것으로 본다.

③ 「도시 및 주거환경정비법」 제35조 제3항에 따른 재건축조합이 재건축사업을 하면서 조합원으로부터 취득하는 토지 중 조합원에게 귀속되지 아니하는 토지를 취득하는 경우에는 「도시 및 주거환경정비법」 제86조 제2항에 따른 소유권이전 고시일에 그 토지를 취득한 것으로 본다.

④ 「민법」 제839조의2 및 제843조에 따른 재산분할로 인한 취득의 경우에는 취득물건의 등기일 또는 등록일을 취득일로 본다.

⑤ 토지의 지목변경에 따른 취득은 토지의 지목이 사실상 변경된 날과 공부상 변경된 날 중 빠른 날을 취득일로 본다. 다만, 토지의 지목변경일 이전에 사용하는 부분에 대해서는 그 사실상의 사용일을 취득일로 본다.

◈ Key Point | **취득세 과세표준 (필수서 p.80)**

1. 과세표준의 기준 : 취득 당시의 가액. 연부취득(연부금액)
2. 무상취득
   ① 증여 : 시가인정액(매매사례가액, 감정가액, 공매가액 등)
   ② 상속 : 시가표준액
3. 유상승계취득 : 사실상의 취득가격
4. 원시취득 : 사실상 취득가격
5. **토지의 지목변경(임야 → 대지)** : 변경으로 <u>증가한 가액에 해당하는 사실상 취득가격</u>

59 「지방세법」상 취득세의 과세표준에 관한 설명으로 틀린 것은?

① 취득세의 과세표준은 취득 당시의 가액으로 한다.

② 부동산 등을 무상취득하는 경우(상속에 따른 무상취득의 경우는 제외) 시가인정액을 취득당시가액으로 한다.

③ 부동산 등을 원시취득하는 경우 취득당시가액은 사실상 취득가격으로 한다.

④ 상속에 따른 무상취득의 경우 시가인정액을 취득당시가액으로 한다.

⑤ 토지의 지목을 사실상 변경한 경우 취득당시가액은 그 변경으로 증가한 가액에 해당하는 사실상취득가격으로 한다.

60 「지방세법」상 취득세의 과세표준에 관한 설명으로 틀린 것은?

① 시가표준액이 1억원 이하인 부동산 등을 무상취득(상속의 경우는 제외한다)하는 경우 시가인정액과 시가표준액 중에서 납세자가 정하는 가액으로 한다.

② 부동산 등을 유상거래(매매 또는 교환 등 취득에 대한 대가를 지급하는 거래를 말한다)로 승계취득하는 경우 취득당시가액은 취득시기 이전에 해당 물건을 취득하기 위하여 거래 상대방이나 제3자에게 지급하였거나 지급하여야 할 일체의 비용으로서 대통령령으로 정하는 사실상의 취득가격으로 한다.

③ 법인이 아닌 자가 건축물을 건축하여 취득하는 경우로서 사실상취득가격을 확인할 수 없는 경우의 취득당시가액은 시가표준액으로 한다.

④ 토지에 대한 시가표준액은 「부동산 가격공시에 관한 법률」에 따라 공시된 가액으로 한다.

⑤ 공동주택가격이 공시되지 아니한 경우에는 지역별·단지별·면적별·층별 특성 및 거래가격 등을 고려하여 행정안전부장관이 정하는 기준에 따라 국토교통부장관이 산정한 가액으로 한다.

Key Point ┃ 사실상 취득가격의 범위 등 (필수서 p.83)

1. **사실상의 취득가격**: (직접비용 + 간접비용)
2. 취득대금을 일시급 등으로 지급하여 일정액을 할인받은 경우: 할인된 금액
3. **취득가격에 포함 ○**
   ① 건설자금에 충당한 차입금의 이자(건설자금이자)
      ㉠ 개인 ×   ㉡ 법인 ○
   ② 할부 또는 연부계약에 따른 이자 상당액
      ㉠ 개인 ×   ㉡ 법인 ○
   ③ 농지보전부담금, 미술작품의 설치 또는 문화예술진흥기금에 출연하는 금액, 대체산림자원조성비 등 관계법령에 따라 의무적 부담
   ④ 취득에 필요한 용역을 제공받은 대가로 지급하는 용역비·수수료
   ⑤ 취득대금 외에 당사자의 약정에 따른 취득자 조건 부담액과 채무인수액
   ⑥ 매각차손
   ⑦ 「공인중개사법」에 따른 공인중개사에게 지급한 중개보수
      ㉠ 개인 ×   ㉡ 법인 ○
   ⑧ 붙박이 가구·가전제품 등 건축물의 효용을 유지 또는 증대시키기 위한 설비·시설 등의 설치 비용
   ⑨ 정원 또는 부속시설물 등을 조성·설치하는 비용
4. **취득가격에 포함 ×**
   ① 판매를 위한 광고선전비 등의 판매비용
   ② 「전기사업법」 등 법률에 따라 이용하는 자가 분담하는 비용
   ③ 취득물건과는 별개의 권리에 관한 보상 성격으로 지급되는 비용
   ④ 부가가치세

61 「지방세법 시행령」 제18조 [사실상 취득가격의 범위 등]에서 사실상 취득가격에 포함하지 않는 것은?

① 법인이 아닌 자가 취득한 경우 할부 또는 연부(年賦) 계약에 따른 이자 상당액 및 연체료
② 취득에 필요한 용역을 제공받은 대가로 지급하는 용역비·수수료(건축 및 토지조성 공사로 수탁자가 취득하는 경우 위탁자가 수탁자에게 지급하는 신탁수수료를 포함한다)
③ 취득대금 외에 당사자의 약정에 따른 취득자 조건 부담액
④ 부동산을 취득하는 경우 「주택도시기금법」 제8조에 따라 매입한 국민주택채권을 해당 부동산의 취득 이전에 양도함으로써 발생하는 매각차손
⑤ 법인이 취득한 경우 「공인중개사법」에 따른 공인중개사에게 지급한 중개보수

Key Point 취득세 표준세율 (필수서 p.84)

부동산 취득		표준세율	
① 상속으로 인한 취득	농지	1천분의 23(2.3%)	
	농지 외의 것	1천분의 28(2.8%)	
② 상속 외의 무상취득(증여)		1천분의 35(3.5%) (비영리사업자의 취득은 2.8%)	
		(조정대상지역 내 + 3억원 이상 주택) : 12% ■ 단, 1세대 1주택자가 소유주택을 배우자·직계존비속에게 증여한 경우 3.5% 적용	
③ 원시취득(신축, 재축)		1천분의 28 (2.8%)	건축(신축, 재축 제외) 또는 개수로 인하여 건축물 면적이 증가할 때 그 증가된 부분 포함
④ 공유물의 분할(본인지분을 초과하는 부분의 경우는 제외)		1천분의 23(2.3%)	
⑤ 합유물 및 총유물의 분할로 인한 취득		1천분의 23(2.3%)	
⑥ 그 밖의 원인으로 인한 취득 (유상승계취득 : 매매, 교환, 현물출자, 기타 유상취득)		농지	1천분의 30(3%)
		농지 외의 것	1천분의 40(4%)

⑦ 유상거래를 원인으로 주택을 취득하는 경우	개인	1주택 (1~3%)	㉠ 6억원 이하	1%	
			㉡ 6억원 초과 9억원 이하	$(취득당시가액 \times \dfrac{2}{3억원} - 3) \times \dfrac{1}{100}$	
			㉢ 9억원 초과	3%	
		—		조정*	비조정
		2주택		8%	1~3%
		3주택		12%	8%
		4주택 이상		12%	12%
	법인			12%	

■ 단, 일시적 2주택은 1주택 세율 적용(1~3%)

*조정 : 조정대상지역, 非조정 : 그 外 지역

62 「지방세법」상 부동산 취득의 표준세율로 틀린 것은?

① 상속으로 인한 농지취득 : 1천분의 23

② 법령으로 정한 비영리사업자의 상속 외의 무상취득 : 1천분의 28

③ 매매로 인한 농지 외의 토지 취득 : 1천분의 30

④ 합유물 및 총유물의 분할로 인한 취득 : 1천분의 23

⑤ 원시취득(공유수면의 매립 또는 간척으로 인한 농지취득 제외) : 1천분의 28

63 「지방세법」상 취득세의 표준세율이 가장 낮은 것은? (단, 「지방세특례제한법」은 고려하지 않음)

① 합유물 및 총유물의 분할로 인한 취득

② 「정당법」에 따라 설립된 정당이 독지가의 기부에 의하여 건물을 취득한 경우

③ 농지를 상호 교환하여 소유권이전등기를 하는 경우

④ 무주택자가 유상거래를 원인으로 「지방세법」 제10조에 따른 취득 당시의 가액이 5억원인 주택(「주택법」에 의한 주택으로서 등기부에 주택으로 기재된 주거용 건축물과 그 부속토지)을 취득한 경우(개인의 조정대상지역에 있는 1세대 1주택에 해당함)

⑤ 매매로 인한 농지 외의 토지 취득

⬥ Key Point   취득세 중과세율 (필수서 p.85)

1. **사치성 재산**

[표준세율과 중과기준세율(2%)의 100분의 400을 합한 세율을 적용]

→ [표준세율 + 8%]

① 골프장   ② 고급주택   ③ 고급오락장   ④ 고급선박

2. **과밀억제권역 안: 서울특별시, 인근 수도권**

[표준세율에 1천분의 20(중과기준세율)의 100분의 200을 합한 세율을 적용]

→ [표준세율 + 4%]

① 과밀억제권역에서 공장을 신설하거나 증설하기 위하여 사업용 과세물건을 취득하는 경우

② 과밀억제권역에서 법인의 본점·주사무소 사업용 부동산 취득

3. **대도시 안: 과밀억제권역(단, 산업단지 제외)**

[표준세율의 100분의 300에서 중과기준세율(2%)의 100분의 200을 뺀 세율을 적용]

→ [(표준세율 × 3배) − 4%]

① 대도시에서 공장을 신설하거나 증설함에 따라 부동산을 취득하는 경우

② 대도시에서 법인의 설립·설치·전입에 따른 부동산 취득

---

64 「지방세법」상 아래의 부동산 등을 신(증)축하는 경우 취득세가 중과(重課)되지 않는 것은? (단, 「지방세법」상 중과요건을 충족하는 것으로 가정함)

① 병원의 병실

② 골프장

③ 고급주택

④ 법인 본점의 사무소전용 주차타워

⑤ 대도시에서 법인이 사원에 대한 임대용으로 직접 사용할 목적으로 취득한 사원주거용 목적의 공동주택[1구의 건축물의 연면적(전용면적을 말한다)이 60제곱미터 이하임]

> ◈ **Key Point** 취득세 세율의 특례 (필수서 p.85)

1. **[표준세율 − 2%]**
   ① 환매등기
   ② 상속 : 1가구 1주택, 감면대상 농지
   ③ 법인의 합병
   ④ 공유물·합유물의 분할(등기부등본상 본인지분을 초과하지 아니함)
   ⑤ 건축물의 이전(이전한 건축물의 가액이 종전 건축물의 가액을 초과하지 아니함)
   ⑥ 이혼(재산분할청구)

2. **2%(중과기준세율)**
   ① **개수**(개수로 인하여 건축물 면적이 증가하지 아니함)
   　cf 증가된 부분 : 원시취득(2.8%)
   ② **토지의 지목변경**
   ③ **과점주주의 취득**
   ④ 존속기간이 1년을 초과하는 **임시건축물의 취득**

---

65 「지방세법」상 취득세 표준세율에서 중과기준세율을 뺀 세율로 산출한 금액을 취득세액으로 하는 경우가 아닌 것은? (단, 취득물건은 취득세 중과대상이 아님)

① 상속으로 인한 취득 중 법령으로 정하는 1가구 1주택 및 그 부속토지의 취득
② 공유물의 분할로 인한 취득(등기부등본상 본인지분을 초과하지 아니함)
③ 「민법」(이혼한 자 일방의 재산분할청구권 행사)에 따른 재산분할로 인한 취득
④ 건축물의 이전으로 인한 취득(이전한 건축물의 가액이 종전 건축물의 가액을 초과하지 아니함)
⑤ 법인 설립 후 유상 증자시에 주식을 취득하여 최초로 과점주주가 된 경우

◈ Key Point | **취득세 부과 · 징수 1 (필수서 p.87)**

1. 납세지 : 취득 <u>물건 소재지</u> 관할 특 · 광 · 도(부과 · 징수 : 시장 · 군수 · 구청장 → 위임징수)
2. 부과 · 징수
   (1) 원칙 : 신고 및 납부
   ① 취득한 날부터 <u>60일 이내</u>에 신고 · 납부
   ② 상속 : <u>상속개시일이 속하는 달의 말일부터 6개월</u>(외국에 주소를 둔 상속인이 있는 경우에는 **9개월**) <u>이내</u>에 신고 · 납부
   ③ 무상취득(상속은 제외한다 : 증여) : <u>취득일(증여 계약일)이 속하는 달의 말일부터 3개월 이내</u>에 신고 · 납부
   ④ 취득한 후 <u>중과세 세율 적용</u>대상이 되었을 경우 : <u>60일 이내</u> 산출한 세액에서 이미 납부한 세액(<u>가산세는 제외</u>)을 공제하여 신고 · 납부

   > ■ <u>60일 이내</u> 신고 · 납부
   > ㉠ 일반 세율 → 중과세 세율
   >   [일반 토지 → 5년 이내 고급오락장 부속토지]
   > ㉡ 비과세 → 부과대상
   >   [임시 건축물(모델하우스) → 1년 초과(2%)]
   > ㉢ 과세면제 또는 경감 → 추징대상

   ⑤ 위의 신고 · 납부기한 이내에 재산권과 그 밖의 권리의 취득 · 이전에 관한 사항을 공부에 등기하거나 등록하려는 경우에는 **등기 또는 등록 신청서를** <u>등기 · 등록관서에 접수하는 날까지</u> 취득세를 신고 · 납부하여야 한다.
   (2) 예외 : 보통징수
   (3) 통보 등
   국가 등이 취득세 과세물건을 매각하면 <u>매각일부터 30일 이내</u> 지방자치단체의 장에게 통보하거나 신고하여야 한다.
   (4) 등기자료의 통보
   ① 등기 · 등록관서의 장은 <u>취득세가 납부되지 아니하였거나 납부부족액을 발견하였을 때</u>에는 납세지를 관할하는 지방자치단체의 장에게 통보하여야 한다.
   ② 등기 · 등록관서의 장은 등기 또는 등록 후에 취득세가 납부되지 아니하였거나 납부부족액을 발견하였을 때에는 <u>다음 달 10일까지</u> 납세지를 관할하는 시장 · 군수 · 구청장에게 통보하여야 한다.

66 「지방세법」상 취득세의 부과·징수에 관한 설명으로 옳은 것은?

① 상속으로 취득세 과세물건을 취득한 자는 상속개시일부터 6개월(외국에 주소를 둔 상속인이 있는 경우에는 각각 9개월) 이내에 그 과세표준에 세율을 적용하여 산출한 세액을 신고하고 납부하여야 한다.

② 취득세 과세물건을 취득한 자가 재산권의 취득에 관한 사항을 등기하는 경우 등기한 후 60일 내에 취득세를 신고·납부하여야 한다.

③ 취득세 과세물건을 취득한 후 중과세 세율 적용대상이 되었을 경우 60일 이내에 산출 세액에서 이미 납부한 세액(가산세 포함)을 공제하여 신고·납부하여야 한다.

④ 취득세가 경감된 과세물건이 추징대상이 된 때에는 그 사유 발생일부터 30일 이내에 그 산출세액에서 이미 납부한 세액(가산세 포함)을 공제한 세액을 신고하고 납부하여야 한다.

⑤ 취득세 납세의무자가 신고 또는 납부의무를 다하지 아니하면 산출세액 또는 그 부족세액에 「지방세기본법」의 규정에 따라 산출한 가산세를 합한 금액을 세액으로 하여 보통징수의 방법으로 징수한다.

◈ Key Point | **취득세 부과 · 징수 2 (필수서 p.88)**

3. 부족세액의 추징 및 가산세
  (1) 신고불성실가산세 : 10%(일반과소), 20%(일반무신고), 40%(부정)
  (2) 납부지연가산세 : (① + ② + ③)
    ① 신고납부하는 지방세의 법정납부기한까지 납부하지 아니한 세액 × 일수 × 10만분의 22(0.022%), 연 8.03%(일할)
    ② 납세고지서에 따른 납부기한까지 납부하지 아니한 세액 × 3%(1회)
    ③ 납세고지서에 따른 납부기한이 지난 날부터 1개월이 지날 때마다 × 0.75%(월할)
  (3) **장부** 등의 작성과 보존
    ① **법인**   ② **10%**
4. 중가산세
  (1) 신고를 하지 아니하고 **매각**하는 경우
  (2) 중가산세 = 산출세액 × **80%**
  (3) 중가산세에서 제외되는 재산
    ① 등기 또는 등록이 필요하지 아니하는 과세물건
    ② 지목변경, 주식 등의 취득 등 취득으로 보는 과세물건
5. 기한 후 신고 : 무신고
  (1) 법정신고기한까지 과세표준신고서를 제출하지 아니한 자
  (2) 결정하여 통지하기 전
  (3) 가산세 감면 : 빨리, 납부지연가산세 감면 ×
    ① 법정신고기한이 지난 후 1개월 이내 : 무신고가산세 × 50%
    ② 1개월 초과 3개월 이내 : 무신고가산세 × 30%
    ③ 3개월 초과 6개월 이내 : 무신고가산세 × 20%
6. 면세점
  (1) 취득가액 50만원 이하   (2) 1년 이내, 인접
7. 부가세 : 농어촌특별세, 지방교육세

67 「지방세법」상 취득세의 부과 · 징수에 관한 설명으로 틀린 것은?

① 토지의 지목변경에 따라 사실상 그 가액이 증가된 경우, 취득세의 신고 · 납부를 하지 않고 매각하더라도 취득세 중가산세 규정은 적용되지 아니한다.

② 취득세 납세의무가 있는 법인은 취득 당시의 가액을 증명할 수 있는 장부와 관련 증거서류를 작성하여 갖춰 두어야 한다.

③ 지방자치단체의 장은 취득세 납세의무가 있는 법인이 장부 등의 작성과 보존 의무를 이행하지 아니하는 경우에는 산출된 세액 또는 부족세액의 100분의 10에 상당하는 금액을 징수하여야 할 세액에 가산한다.

④ 취득세액이 50만원 이하일 때에는 취득세를 부과하지 아니한다.

⑤ 토지나 건축물을 취득한 자가 그 취득한 날부터 1년 이내에 그에 인접한 토지나 건축물을 취득한 경우에는 각각 그 전후의 취득에 관한 토지나 건축물의 취득을 1건의 토지 취득 또는 1구의 건축물 취득으로 보아 면세점을 적용한다.

Key Point | 취득세 비과세 (필수서 p.91)

1. **국가 · 지방자치단체 등의 취득**
   ① 모든 취득세 과세대상 : 비과세
   ② 외국정부 : 상호주의
2. **귀속 또는 기부채납** : 부동산
   ① 귀속 등의 조건을 이행 × : 과세
   ② 반대급부 : 과세
3. **신탁** : 「신탁법」에 따른 신탁으로서 신탁등기가 병행되는 것만 해당
   ① 주택조합 등과 조합원 간의 부동산 취득 : 과세
   ② 주택조합 등의 비조합원용 부동산 취득 : 과세
4. **환매권의 행사** : 「징발재산정리에 관한 특별조치법」
5. **임시건축물의 취득** : 모델하우스, 공사현장사무소
   ① 존속기간 1년 초과 : 과세 (2%) (60일 이내 신고 · 납부)
   ② **사치성재산** : 기간에 상관없이 과세
6. **공동주택의 개수**
   ① 시가표준액이 9억원 이하인 공동주택
   ② 「건축법」에 따른 대수선은 제외(과세)
7. **상속개시 이전에 사용할 수 없는 차량**

---

68 「지방세법」상 취득세 비과세에 해당하는 것은 몇 개인가?

> ㉠ 서울특별시가 구청청사로 취득한 건물
> ㉡ 대한민국 정부기관의 취득에 대하여 과세하지 않는 외국정부의 취득
> ㉢ 이전한 건축물의 가액이 종전 건축물의 가액을 초과하지 아니하는 경우 그 건축물의 이전으로 인한 취득
> ㉣ 국가, 지방자치단체 또는 지방자치단체조합에 귀속 또는 기부채납을 조건으로 취득하는 부동산
> ㉤ 법령이 정하는 고급주택에 해당하는 임시건축물의 취득
> ㉥ 「건축법」에 따른 공동주택의 대수선

① 1개   ② 2개   ③ 3개
④ 4개   ⑤ 5개

❖ Key Point │ **취득세 종합문제**

1. 각 지문이 어느 파트를 묻는가를 파악한다. (키워드 동그라미)
2. 처음 보는 지문은 무조건 통과한다.

69 「지방세법」상 취득세에 관한 설명으로 틀린 것은?

① 공매를 통하여 배우자의 부동산을 취득한 경우 유상취득으로 본다.

② 건축물 중 조작설비로서 그 주체구조부와 하나가 되어 건축물로서의 효용가치를 이루고 있는 것에 대하여는 주체구조부 취득자 외의 자가 가설한 경우에도 주체구조부의 취득자가 함께 취득한 것으로 본다.

③ 법인설립시 발행하는 주식을 취득함으로써 지방세기본법에 따른 과점주주가 되었을 때에는 그 과점주주가 해당 법인의 부동산 등을 취득한 것으로 본다.

④ 토지의 지목변경에 따른 취득은 지목변경일 이전에 그 사용하는 부분에 대해서는 그 사실상의 사용일을 취득일로 본다.

⑤ 상속에 따른 무상취득의 경우 취득세 과세표준은 시가표준액으로 한다.

70 「지방세법」상 취득세에 관한 설명으로 틀린 것은?

① 관계법령에 따라 매립·간척 등으로 토지를 원시취득하는 경우로서 공사준공인가일 전에 사실상 사용하는 경우에는 그 사실상 사용일을 취득일로 본다.

② 환매등기를 병행하는 부동산의 매매로서 환매기간 내에 매도자가 환매한 경우의 그 매도자와 매수자의 취득은 취득세 표준세율에서 중과기준세율을 뺀 세율로 산출한 금액을 그 세액으로 한다.

③ 무상승계취득한 취득물건을 취득일에 등기·등록한 후 화해조서·인낙조서에 의하여 취득일부터 취득일이 속하는 달의 말일부터 3개월 이내에 계약이 해제된 사실을 입증하는 경우에는 취득한 것으로 보지 아니한다.

④ 취득세 과세물건을 무상취득(상속은 제외한다)한 자는 취득일이 속하는 달의 말일부터 3개월 이내에 그 과세표준에 세율을 적용하여 산출한 세액을 신고하고 납부하여야 한다.

⑤ 지방자치단체에 기부채납을 조건으로 부동산을 취득하는 경우라도 그 반대급부로 기부채납 대상물의 무상사용권을 제공받는 때에는 그 해당 부분에 대해서는 취득세를 부과한다.

등록면허세 : 5문제 [71 ~ 75]

> **◈ Key Point** | **등록면허세 납세의무자 (필수서 p.93)**

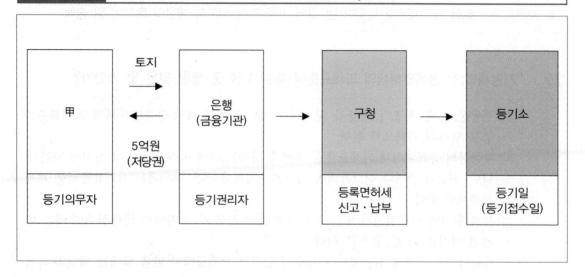

71 「지방세법」상 등록면허세의 납세의무자에 대한 설명 중 틀린 것은?

① 등록면허세의 납세의무자는 재산권과 그 밖의 권리의 설정·변경 또는 소멸에 관한 사항을 공부에 등기 또는 등록을 하는 자이다.

② 근저당권 설정등기의 경우 등록면허세의 납세의무자는 근저당권자이다.

③ 근저당권 말소등기의 경우 등록면허세의 납세의무자는 근저당권설정자 또는 말소 대상 부동산의 현재 소유자이다.

④ 甲이 은행에서 1,000만원의 융자를 받고 乙의 부동산에 저당권을 설정할 경우 등록 면허세의 납세의무자는 은행이다.

⑤ 설정된 전세권에 대한 말소등기를 하는 경우 등록면허세 납세의무자는 전세권자이다.

◈ Key Point | **등록면허세 과세표준 (필수서 p.93)**

---

1. 등록 당시의 가액
2. 신고(ⓒ⑤ 신고가 없거나 신고가액이 시가표준액보다 적은 경우) : 시가표준액
   → MAX(신고가액, 시가표준액)
3. 등록 당시에 자산재평가 또는 감가상각 등의 사유로 그 가액이 달라진 경우 : 변경된 가액
4. 채권금액이 없을 때 : 채권의 목적이 된 것의 가액 또는 처분의 제한의 목적이 된 금액

---

72 「지방세법」상 등록면허세의 과세표준에 대한 설명 중 틀린 것은 몇 개인가?

> ㉠ 부동산, 선박, 항공기, 자동차 및 건설기계의 등록에 대한 등록면허세의 과세표준은 등록 당시의 가액으로 한다.
> ㉡ 부동산의 등록면허세 과세표준은 조례로 정하는 바에 따라 등록자의 신고에 따른다. 다만, 신고가 없거나 신고가액이 시가표준액보다 적은 경우에는 시가표준액을 과세표준으로 한다.
> ㉢ 등록 당시에 자산재평가 또는 감가상각 등의 사유로 그 가액이 달라진 경우에는 변경된 가액을 과세표준으로 한다.
> ㉣ 채권금액으로 과세액을 정하는 경우에 일정한 채권금액이 없을 때에는 채권의 목적이 된 것의 가액 또는 처분의 제한의 목적이 된 금액을 그 채권금액으로 본다.
> ㉤ 등록면허세 신고서상의 금액과 공부상의 금액이 다를 경우에는 공부상의 금액을 과세표준으로 한다.

① 0개   ② 1개   ③ 2개
④ 3개   ⑤ 4개

◈ Key Point ▷ 등록면허세 세율 (필수서 p.94)

1. 부동산 등기

구 분		과세표준	세 율
① 소유권의 보존등기		부동산가액	1천분의 8(0.8%)
② 소유권 이전등기	유 상	부동산가액	1천분의 20(2%)
	무 상	부동산가액	1천분의 15(1.5%) ⓒⓕ 상속 : 0.8%
③ 소유권 외의 물권과 임차권의 설정 및 이전	지상권	부동산가액	1천분의 2(0.2%)
	저당권	채권금액	1천분의 2(0.2%)
	지역권	요역지가액	1천분의 2(0.2%)
	전세권	전세금액	1천분의 2(0.2%)
	임차권	월임대차금액	1천분의 2(0.2%)
④ 경매신청·가압류·가처분		채권금액	1천분의 2(0.2%)
⑤ 가등기		부동산가액 또는 채권금액	1천분의 2(0.2%)
⑥ 그 밖의 등기(말소등기, 지목변경, 구조변경 등)		매 1건당	6,000원

⊟ 세율 적용시 유의사항

1. 최저세액 : 등록면허세액이 6천원 미만일 때에는 6천원으로 한다.
2. 세율의 조정 : 지방자치단체의 장은 조례로 정하는 바에 따라 등록면허세의 세율을 부동산등기에 따른 표준세율의 100분의 50의 범위에서 가감할 수 있다.

2. 중과세율 : 표준세율의 100분의 300(3배)

① 대도시에서 법인의 설립등기
    ⓒⓕ 중과세 예외(도시형 업종) ⑩ 할부금융업, 은행업
② 대도시 밖의 법인이 대도시로 전입

---

73 「지방세법」상 부동산등기에 대한 등록면허세의 표준세율로 틀린 것은? (단, 표준세율을 적용하여 산출한 세액이 부동산등기에 대한 그 밖의 등기 또는 등록세율보다 크다고 가정함)

① 증여로 인한 소유권이전등기 : 부동산가액의 1천분의 8
② 저당권 설정 및 이전등기 : 채권금액의 1천분의 2
③ 지역권 설정 및 이전등기 : 요역지 가액의 1천분의 2
④ 임차권 설정 및 이전등기 : 월 임대차금액의 1천분의 2
⑤ 전세권 설정등기 : 전세금액의 1천분의 2

⬥ Key Point **등록면허세 부과와 징수 (필수서 p.96)**

1. **납세지**: 부동산 등기 → <u>부동산 소재지</u> → <u>등록관청 소재지</u>
2. **신고 및 납부**
   (1) 원칙: 신고 및 납부
      ① 등록을 하기 전까지(등기·등록관서에 접수하는 날까지)
      ② 신고의무 ×, 납부 ○ → 신고를 하고 납부한 것으로 본다.
         → 무신고가산세 및 과소신고가산세를 부과하지 아니한다(용서).
   (2) 예외: 보통징수
   (3) 채권자대위자 신고납부
      ① <u>채권자대위자</u>는 납세의무자를 대위하여 부동산의 등기에 대한 <u>등록면허세를 신고납부할</u> <u>수 있다.</u> 이 경우 채권자대위자는 행정안전부령으로 정하는 바에 따라 납부확인서를 발급 받을 수 있다.
      ② 지방자치단체의 장은 ①에 따른 채권자대위자의 신고납부가 있는 경우 납세의무자에게 그 사실을 <u>즉시 통보</u>하여야 한다.
3. **가산세**: 취득세의 가산세 내용과 동일
4. **등록면허세 납부 확인 등**: 첨부
5. **부가세**
   (1) 지방교육세: 납부하여야 할 세액의 100분의 20
   (2) 농어촌특별세: 감면세액에 100분의 20

74 「지방세법」상 등록에 대한 등록면허세의 납세지와 신고 및 납부에 관한 설명 중 틀린 것은?

① 같은 등록에 관계되는 재산이 둘 이상의 지방자치단체에 걸쳐 있어 등록면허세를 지방자치단체별로 부과할 수 없을 때에는 등록관청 소재지를 납세지로 한다.

② 등록을 하려는 자는 과세표준에 세율을 적용하여 산출한 세액을 등록을 하기 전까 지 납세지를 관할하는 지방자치단체의 장에게 신고하고 납부하여야 한다.

③ 신고의무를 다하지 아니하고 등록면허세 산출세액을 등록을 하기 전까지 납부하였 을 때에는 무신고가산세를 부과한다.

④ 등기·등록관서의 장은 등기 또는 등록 후에 등록면허세가 납부되지 아니하였거나 납부부족액을 발견한 경우에는 다음 달 10일까지 납세지를 관할하는 시장·군수· 구청장에게 통보하여야 한다.

⑤ 납세자는 등기 또는 등록하려는 때에는 등기 또는 등록 신청서에 등록면허세 영수 필 통지서(등기·등록관서의 시·군·구 통보용) 1부와 등록면허세 영수필 확인서 1부를 첨부하여야 한다. 다만, 「전자정부법」 제36조 제1항에 따라 행정기관 간에 등 록면허세 납부사실을 전자적으로 확인할 수 있는 경우에는 그러하지 아니하다.

◆ Key Point 등록면허세 비과세 (필수서 p.98)

1. **국가**, 지방자치단체, 지방자치단체조합, 외국정부 및 주한국제기구가 **자기를 위하여** 받는 등록
   ⓒⓕ **외국정부 : 상호주의**
2. 다음의 어느 하나에 해당하는 등록
   ① 촉탁으로 인한 등록
   ② <u>행정구역의 변경</u>, 주민등록번호의 변경, 지적(地籍) 소관청의 지번 변경, 계량단위의 변경, 등록 담당 공무원의 착오 및 이와 유사한 사유로 인한 등록으로서 주소, 성명, 주민등록번호, 지번, 계량단위 등의 단순한 표시변경·회복 또는 경정 등록
   ③ 그 밖에 지목이 **묘지**인 토지(무덤과 이에 접속된 부속시설물의 부지로 사용되는 토지로서 지적공부상 지목이 묘지인 토지에 관한 등기)

◆ Key Point 등록면허세 종합문제

1. 각 지문이 어느 파트를 묻는가를 파악한다. (키워드 동그라미)
2. 처음 보는 지문은 무조건 통과한다.

75 「지방세법」상 등록에 대한 등록면허세에 관한 설명으로 틀린 것은 몇 개인가?

> ㉠ 「여신전문금융업법」 제2조 제12호에 따른 할부금융업을 영위하기 위하여 대도시에서 법인을 설립함에 따른 등기를 할 때에는 그 세율을 해당 표준세율의 100분의 300으로 한다. 단, 그 등기일부터 2년 이내에 업종변경이나 업종추가는 없다.
> ㉡ 등록 당시에 자산재평가의 사유로 그 가액이 달라진 때에는 자산재평가 전의 가액을 과세표준으로 한다.
> ㉢ 지방자치단체의 장은 등록면허세의 세율을 표준세율의 100분의 60의 범위에서 가감할 수 있다.
> ㉣ 같은 채권의 담보를 위하여 설정하는 둘 이상의 저당권을 등록하는 경우에는 이를 하나의 등록으로 보아 그 등록에 관계되는 재산을 처음 등록하는 등록관청 소재지를 납세지로 한다.
> ㉤ 지방자치단체의 장은 채권자대위자의 부동산의 등기에 대한 등록면허세 신고납부가 있는 경우 납세의무자에게 그 사실을 즉시 통보하여야 한다.

① 1개   ② 2개   ③ 3개
④ 4개   ⑤ 5개

🔷 Key Point 재산세 과세대상 (필수서 p.99)

토 지	⬭	㏄ 주택의 부속토지는 제외	① 분리과세대상 : 개별과세 ② 합산과세대상 : 합산과세
건축물	🏢	① 건축물 ② 시설물 ㏄ 주택용 건물은 제외	개별과세
주 택	🏠	주택용 건물과 부수토지를 **통합**하여 과세 ㏄ 경계가 명백하지 아니한 경 우 : 바닥면적의 10배	개별과세
선 박	—	—	개별과세
항공기	—	—	개별과세

1. 개별과세[재신세(주택)]

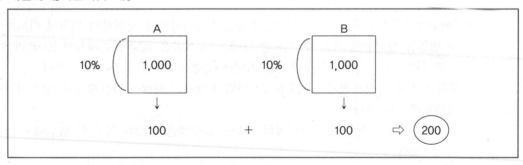

2. 합산과세[재산세(토지 중 종합합산, 별도합산), 종합부동산세, 양도소득세]

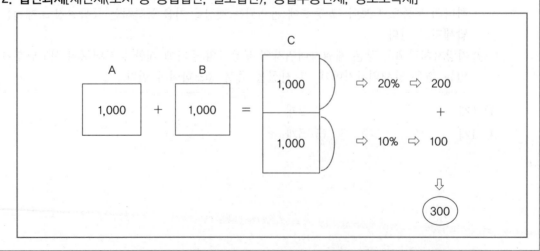

76 「지방세법」상 재산세의 과세대상과 표준세율 적용에 관한 설명으로 틀린 것은?

① 재산세 과세대상 물건이 공부상 등재 현황과 사실상의 현황이 다른 경우에는 사실상의 현황에 따라 재산세를 부과한다.

② 주택에 대한 재산세는 납세의무자별로 해당 지방자치단체의 관할구역에 있는 주택의 과세표준을 합산하여 주택의 세율을 적용한다.

③ 주택의 부속토지의 경계가 명백하지 아니한 경우에는 그 주택의 바닥면적의 10배에 해당하는 토지를 주택의 부속토지로 한다.

④ 1동(棟)의 건물이 주거와 주거 외의 용도로 사용되고 있는 경우에는 주거용으로 사용되는 부분만을 주택으로 본다.

⑤ 주택에 대한 토지와 건물의 소유자가 다를 경우 해당 주택의 토지와 건물의 가액을 합산한 과세표준에 주택의 세율을 적용한다.

◈ Key Point 토지의 과세대상 구분 (필수서 p.100)

- **고율분리과세**: 사치성재산(골프장용 토지, 고급오락장용 건축물의 부속토지) : 4%
- **종합합산과세**: 나대지, 임야　　　　　　　　　　　　　 : 0.2% ~ 0.5%(3단계 초과누진세율)
- **별도합산과세**: 일반 영업용 건축물의 부속토지 : 0.2% ~ 0.4%(3단계 초과누진세율)
- **저율분리과세** ┌ 공장용지　　　　　　　　　　 : 0.2%
　　　　　　　　　└ 농지, 목장용지, 공익목적 임야 : 0.07%

고율 분리	사치성 재산	4%	① 골프장용 토지(회원제 골프장) ② 고급오락장으로 사용되는 건축물의 부속토지
종합 ⓧ합산	나대지, 임야	0.2~0.5% (3단계 초과 누진세율)	① 위법, 무허가 건축물의 부속토지: 종합 ② 2% 미달 　ㄱ 바닥면적: 별도 　ㄴ 바닥면적을 제외한 부속토지: 종합
별도 ⓧ합산	일반 영업용 건축물의 부속 토지	0.2~0.4% (3단계 초과 누진세율)	① 일반영업용 건축물의 부속토지 　ㄱ 기준면적 이내: 별도 　ㄴ 초과: 종합 ② 별도합산 의제 토지 　ㄱ 차고용 토지 　ㄴ 자동차운전학원용 토지 　ㄷ 법인 묘지 　ㄹ 원형이 보전되는 임야
저율 분리	공장 용지	0.2%	① 공장용지 　ㄱ 초과: 종합 　ㄴ (주거·상업·녹지지역 + 기준면적 이내): 별도 ② 국가의 보호·지원이 필요한 토지(0.2%) 　ㄱ 한국토지주택공사　　　ㄴ 염전 　ㄷ 재건축　　　　　　　　ㄹ 부동산투자회사 　ㅁ 터미널용 토지
	농지, 목장 용지, 공익목적 임야	0.07%	① 농 지 　ㄱ 경작에 사용 ×: 종합 　ㄴ 주거·상업·공업지역: 종합 　ㄷ 법인 및 단체 소유농지: 종합 　　▤ 저율분리 　　ⓐ 농업법인　　　　ⓑ 한국농어촌공사 　　ⓒ 사회복지사업자　ⓓ 법인이 매립·간척 　　ⓔ 종중 ② 목장용지 　ㄱ 초과: 종합 　ㄴ 주거·상업·공업지역: 종합 ③ 공익목적 임야 　ㄱ 각종 법률 　ㄴ 종중

77 다음 토지 중 재산세 종합합산과세대상에 해당되는 것으로 올바른 것은?

① 특별시·광역시·시지역(읍·면지역 제외)의 도시지역 안의 개발제한구역과 녹지지역 안의 목장용지로서 기준면적 이내의 토지

② 서울특별시지역의 산업단지와 공업지역 안에 위치한 공장용 건축물의 부속토지로서 공장입지기준면적을 초과하는 부분의 토지

③ 일반영업용 건축물로서 건축물의 시가표준액이 해당 부속토지의 시가표준액의 100분의 2에 미달하는 건축물의 부속토지 중 그 건축물의 바닥면적의 부속토지

④ 특별시·광역시·시지역(읍·면지역 제외)의 도시지역 안의 개발제한구역과 녹지지역 안의 개인소유 농지

⑤ 일반영업용 건축물의 부속토지로서 건축물의 바닥면적에 용도지역별 적용배율을 곱하여 산정한 면적 이내의 토지

78 「지방세법」상 토지에 대한 재산세를 부과함에 있어서 과세대상의 구분(종합합산과세대상, 별도합산과세대상, 분리과세대상)이 잘못된 것은?

① 관계법령에 따른 사회복지사업자가 복지시설이 소비목적으로 사용할 수 있도록 하기 위하여 1990년 5월 1일부터 소유하는 농지 : 분리과세대상

② 1990년 1월부터 소유하는 「수도법」에 따른 상수원보호구역의 임야 : 분리과세대상

③ 과세기준일 현재 계속 염전으로 실제 사용하고 있는 토지 : 분리과세대상

④ 여객자동차운송사업 면허를 받은 자가 그 면허에 따라 사용하는 차고용 토지(자동차운송사업의 최저보유차고면적기준의 1.5배에 해당하는 면적 이내의 토지) : 별도합산과세대상

⑤ 회원제 골프장용 토지(회원제 골프장업의 등록시 구분등록의 대상이 되는 토지 : 종합합산과세대상

◈ Key Point | 재산세 과세표준 (필수서 p.102)

1. 토지·건축물에 대한 재산세 과세표준(개인·법인 동일)

> 시가표준액 × 공정시장가액비율(70%)

cf 토지의 시가표준액 = 개별공시지가

2. 주택에 대한 재산세 과세표준(개인·법인 동일)

> 시가표준액 × 공정시장가액비율(60%)

cf ① 단독주택의 시가표준액 = 개별주택가격
　 ② 공동주택의 시가표준액 = 공동주택가격

cf 1세대 1주택(시가표준액이 9억원을 초과하는 주택을 포함)
　 ① 시가표준액이 3억원 이하인 주택 : 시가표준액의 100분의 43
　 ② 시가표준액이 3억원을 초과하고 6억원 이하인 주택 : 시가표준액의 100분의 44
　 ③ 시가표준액이 6억원을 초과하는 주택 : 시가표준액의 100분의 45

cf 과세표준상한액
　 ① 주택의 과세표준이 법정 계산식에 따른 과세표준상한액보다 큰 경우에는 해당 주택의 과세표준은 과세표준상한액으로 한다.
　 ② 주택의 경우에는 세부담의 상한을 적용하지 아니한다.

3. 선박·항공기에 대한 재산세 과세표준 : 시가표준액

79 「지방세법」상 재산세 과세표준에 대한 설명이다. 틀린 것은?

① 시가표준액이 3억원 이하인 1세대 1주택에 대한 재산세의 과세표준은 시가표준액에 공정시장가액비율(시가표준액의 100분의 43)을 곱하여 산정한 가액으로 한다.

② 시가표준액이 3억원을 초과하고 6억원 이하인 1세대 2주택에 대한 재산세의 과세표준은 시가표준액에 공정시장가액비율(시가표준액의 100분의 60)을 곱하여 산정한 가액으로 한다.

③ 토지에 대한 재산세의 과세표준은 시가표준액으로 한다.

④ 선박에 대한 재산세의 과세표준은 시가표준액으로 한다.

⑤ 주택이 아닌 건축물에 대한 과세표준은 건축물 시가표준액에 100분의 70의 공정시장가액비율을 곱하여 산정한다.

🔑 Key Point 재산세 세율 (필수서 p.104)

1. 세 율

구 분		과세대상	세 율
표준세율	토 지	고율분리과세: 사치성 재산 (골프장용토지, 고급오락장용 건축물의 부속토지)	1천분의 40(4%)
		종합합산과세: 나대지, 임야 ⇨ 시·군별 합산과세	0.2~0.5% (3단계 초과누진세율)
		별도합산과세: 일반 영업용 건축물의 부속토지 ⇨ 시·군별 합산과세	0.2~0.4% (3단계 초과누진세율)
		저율분리과세 ⇨ 물건별 과세(개별과세)	―
		① 공장용지	1천분의 2(0.2%)
		② 농지(전·답·과수원), 목장용지, 공익목적 임야	1천분의 0.7(0.07%)
	건축물	주택 이외 건축물(상업용, 공장용) ⇨ 물건별 과세	1천분의 2.5(0.25%)
		① 시지역의 주거지역 내 공장용 건축물	1천분의 5(0.5%)
		② 회원제골프장·고급오락장용 건축물	1천분의 40(4%)
	주 택	① 주택 및 부수토지(주택가액 + 토지가액) ⇨ 주택별 과세(개별과세), 고급주택 포함(중과세 ×)	0.1~0.4% (4단계 초과누진세율)
		② 1세대 1주택에 대한 세율 특례 (시가표준액이 9억원 이하인 주택)	0.05~0.35% (4단계 초과누진세율)
	선 박	일반선박	1천분의 3(0.3%)
		고급선박	1천분의 50(5%)
	항공기	―	1천분의 3(0.3%)
중과세율	건축물	과밀억제권역(산업단지 및 유치지역과 공업지역은 제외)에서 공장 신설·증설에 해당하는 경우 그 건축물	최초의 과세기준일부터 5년간 표준세율(0.25%)의 100분의 500에 해당하는 세율

주의 형광펜
① 재산세 초과누진세율
② 종합부동산세 과세대상

2. 탄력세율
지방자치단체의 장은 특별한 재정수요나 재해 등의 발생으로 재산세의 세율 조정이 불가피하다고 인정되는 경우 조례로 정하는 바에 따라 **표준세율**의 **100분의 50**의 범위 안에서 **가감**할 수 있다. 다만, 가감한 세율은 **해당 연도**에만 적용한다. cf 5년간 (×)

80 「지방세법」상 재산세의 세율에 관한 설명으로 틀린 것은 몇 개인가?

> ㉠ 주택에 대한 재산세의 세율은 4단계 초과누진세율이다.
> ㉡ 취득세 중과대상인 골프장용 토지에 대한 재산세의 세율은 1천분의 50이다.
> ㉢ 법령에 따른 고급주택은 1천분의 40, 그 밖의 주택은 초과누진세율을 적용한다.
> ㉣ 광역시(군 지역은 제외) 지역에서 「국토의 계획 및 이용에 관한 법률」과 그 밖의 관계 법령에 따라 지정된 주거지역의 대통령령으로 정하는 공장용 건축물의 재산세 표준세율은 초과누진세율이다.
> ㉤ 주택에 대한 재산세는 주택별로 표준세율을 적용한다.
> ㉥ 토지와 건물의 소유자가 다른 주택에 대해 세율을 적용할 때 해당 주택의 토지와 건물의 가액을 소유자별로 구분 계산한 과세표준에 해당 세율을 적용한다.

① 0개   ② 1개   ③ 2개
④ 3개   ⑤ 4개

81 「지방세법」상 다음의 재산세 과세표준에 적용되는 표준세율 중 가장 낮은 것은?
① 과세표준 20억원인 분리과세대상 목장용지
② 과세표준 6천만원인 주택(1세대 2주택에 해당)
③ 과세표준 10억원인 분리과세대상 공장용지
④ 과세표준 2억원인 별도합산과세대상 토지
⑤ 과세표준 5천만원인 종합합산과세대상 토지

◆ Key Point | **재산세 납세의무자 (필수서 p.106)**

1. **원칙 - 과세기준일(6월 1일) 현재 사실상 소유자**
   ① **공유재산인 경우**: 그 지분에 해당하는 부분(지분의 표시가 없는 경우에는 지분이 **균등**한 것으로 본다)에 대해서는 그 **지분권자**
   ② **주택의 건물과 부속토지의 소유자가 다를 경우**: 그 주택에 대한 **산출세액**을 건축물과 그 부속토지의 **시가표준액** 비율로 안분계산한 부분에 대해서는 그 소유자 ⒸⒻ 면적비율 (×)

2. **예 외**
   ① **공부상 소유자**: 사실상의 소유자를 알 수 없을 때
   ② **주된 상속자**
      상속이 개시된 재산으로서 **상속등기가 이행되지 아니하고 사실상의 소유자를 신고하지 아니하였을 때**(ⒸⒻ 주된 상속자: 「민법」상 상속지분이 가장 높은 사람 → 나이가 가장 많은 사람)
   ③ **종중재산의 공부상의 소유자**: 종중소유임을 신고하지 아니하였을 때
   ④ **매수계약자**
      ㉠ 국가, 지방자치단체, 지방자치단체조합 + 연부 + 무상
      ㉡ 국가, 지방자치단체 및 지방자치단체조합 + 선수금 + 무상
   ⑤ **위탁자**: 「신탁법」 제2조에 따른 수탁자의 명의로 등기 또는 등록된 신탁재산의 경우
   ⑥ **사업시행자**: 체비지 또는 보류지
   ⑦ **사용자**: 귀속이 분명하지 아니하여

82 「지방세법」상 재산세의 납세의무자에 관한 설명으로 틀린 것은?

① 공유물 분할등기가 이루어지지 아니한 공유토지: 지분권자
② 「신탁법」 제2조 따른 수탁자의 명의로 등기 또는 등록된 신탁재산의 경우: 수탁자
③ 공부상의 소유자가 매매 등의 사유로 소유권이 변동되었는데도 신고하지 아니하여 사실상의 소유자를 알 수 없을 때: 공부상 소유자
④ 상속이 개시된 재산으로서 상속등기가 이행되지 아니하고 사실상의 소유자를 신고하지 아니하였을 경우: 「민법」상 상속지분이 가장 높은 상속자(상속지분이 가장 높은 상속자가 두 명 이상인 경우에는 그중 연장자)
⑤ 국가가 선수금을 받아 조성하는 매매용 토지로서 사실상 조성이 완료된 토지의 사용권을 무상으로 받은 경우: 그 사용권을 무상으로 받은 자

83 다음은 재산세의 납세의무자에 관한 설명이다. 틀린 것은?

① 재산세 과세기준일 현재 재산을 사실상 소유하고 있는 자는 재산세를 납부할 의무가 있다.

② 주택의 건물과 부속토지의 소유자가 다를 경우 그 주택에 대한 산출세액을 건축물과 그 부속토지의 시가표준액 비율로 안분계산한 부분에 대하여 그 소유자를 납세의무자로 본다.

③ 「신탁법」 제2조에 따른 수탁자의 명의로 등기 또는 등록된 신탁재산의 경우에는 위탁자(「주택법」 제2조 제11호 가목에 따른 지역주택조합 및 같은 호 나목에 따른 직장주택조합이 조합원이 납부한 금전으로 매수하여 소유하고 있는 신탁재산의 경우에는 해당 지역주택조합 및 직장주택조합을 말함)는 재산세를 납부할 의무가 있다. 이 경우 위탁자가 신탁재산을 소유한 것으로 본다.

④ 공부상 소유자가 소유권에 변동이 있음에도 불구하고 이를 신고하지 아니하여 사실상의 소유자를 알 수 없을 때에는 공부상의 소유자가 납세의무자가 된다.

⑤ 국가와 건축물을 연부로 매매계약을 체결하고 그 건축물의 사용권을 무상으로 부여받은 경우에 당해 건축물은 국가 소유이므로 그 매수자는 재산세를 납부할 의무가 없다.

◈ Key Point | 재산세 부과 · 징수 (필수서 p.108)

1. 과세기준일 및 납기
   (1) 과세기준일 : 매년 6월 1일
   (2) 납 기
   ① 재산세의 납기
   ㉠ 토지 : 매년 9월 16일부터 9월 30일까지
   ㉡ 건축물 : 매년 7월 16일부터 7월 31일까지
   ㉢ 주택 : 2분의 1은 매년 7월 16일부터 7월 31일까지, 나머지 2분의 1은 9월 16일부터 9월 30일까지(다만, 해당 연도에 부과할 세액이 20만원 이하인 경우에는 7월 16일부터 7월 31일까지로 하여 한꺼번에 부과 · 징수할 수 있다)
   ㉣ 선박 : 매년 7월 16일부터 7월 31일까지
   ㉤ 항공기 : 매년 7월 16일부터 7월 31일까지
   ② 수시로 부과 · 징수(과세대상 누락, 위법 또는 착오 등)

2. 징수방법 : 보통징수
   (1) 관할 지방자치단체의 장이 세액을 산정
   (2) 납기개시 5일 전까지 발급

3. 물납 : 납부세액이 1천만원을 초과, 관할구역에 있는 부동산에 대해서만
   (1) 물납의 신청 및 허가
   ① 신청 : 납부기한 10일 전까지
   ② 허가 : 신청을 받은 날부터 5일 이내
   ③ 물납하였을 때에는 납부기한 내에 납부한 것으로 본다.
   (2) 관리 · 처분이 부적당한 부동산의 처리
   ① 관리 · 처분하기가 부적당하다고 인정되는 경우 허가 ×
   ② 통지를 받은 날부터 10일 이내 변경 신청
   ③ 물납하였을 때에는 납부기한 내에 납부한 것으로 본다.
   (3) 물납허가 부동산의 평가 : 과세기준일 현재의 시가

4. 분할납부
   (1) 납부세액이 250만원을 초과
   (2) 납부할 세액의 일부를 납부기한이 지난 날부터 3개월 이내에 분할납부
   (3) 분할납부신청 : ① 납부기한까지   ② 수정고지

5. 소액 징수면제 : 2천원 미만

6. 세 부담의 상한 : 100분의 150 cf 주택의 경우에는 적용하지 아니한다.

7. 재산세의 부가세 : 지방교육세(재산세액의 20%)

   사례 재산세 고지서(건축물)

세 목	납기 내 금액(7월 31일)	납기 후 금액(8월 31일)
재산세	XXX	XXX
도시지역분	XXX	XXX
(소방분)지역자원시설세	XXX	XXX
지방교육세	XXX	XXX
세액합계	XXX	XXX

84 「지방세법」상 재산세 부과·징수에 관한 설명으로 틀린 것은?

① 재산세를 물납하려는 자는 납부기한 10일 전까지 납세지를 관할하는 시장·군수·구청장에게 물납을 신청하여야 한다.

② 해당 연도에 주택에 부과할 세액이 50만원인 경우 납기를 7월 16일부터 7월 31일까지로 하여 한꺼번에 부과·징수한다.

③ 재산세는 관할 지방자치단체의 장이 세액을 산정하여 보통징수의 방법으로 부과·징수한다.

④ 지방자치단체의 장은 재산세 납부세액이 1천만원을 초과하는 경우에는 납세의무자의 신청을 받아 해당 지방자치단체의 관할구역에 있는 부동산에 대해서만 법령으로 정하는 바에 따라 물납을 허가할 수 있다.

⑤ 고지서 1장당 징수할 세액이 2천원 미만인 경우에는 해당 재산세를 징수하지 아니한다.

85 「지방세법」상 재산세 부과·징수에 관한 설명으로 틀린 것은 몇 개인가?

㉠ 지방자치단체의 장은 과세대상의 누락 등으로 이미 부과한 재산세액을 변경하여야 할 사유가 발생하더라도 수시로 부과·징수할 수 없다.

㉡ 재산세를 징수하려면 토지, 건축물, 주택, 선박 및 항공기로 각각 구분된 납세고지서에 과세표준과 세액을 적어 늦어도 납기개시 5일 전까지 발급하여야 한다.

㉢ 토지에 대한 재산세는 납세의무자별로 한 장의 납세고지서로 발급하여야 한다.

㉣ 사실상 종중재산으로서 공부상에는 개인 명의로 등재되어 있는 재산의 공부상 소유자는 과세기준일부터 15일 이내에 그 소재지를 관할하는 지방자치단체의 장에게 그 사실을 알 수 있는 증거자료를 갖추어 신고하여야 한다.

㉤ 지방자치단체의 장은 재산세의 납부세액이 250만원을 초과하는 경우에는 대통령령으로 정하는 바에 따라 납부할 세액의 일부를 납부기한이 지난 날부터 6개월 이내에 분할납부하게 할 수 있다.

① 1개   ② 2개   ③ 3개
④ 4개   ⑤ 5개

✦ Key Point / 재산세 비과세 (필수서 p.111)

1. <u>국가</u>, 지방자치단체, 지방자치단체조합, 외국정부 및 주한국제기구의 <u>소유</u>

  ㎝ 부과

  ① 대한민국 정부기관의 재산에 대하여 과세하는 <u>외국정부의 재산(상호주의)</u>

  ② 매수계약자에게 납세의무가 있는 재산

2. <u>국가</u>, 지방자치단체 또는 지방자치단체조합이 1년 이상 **공용 또는 공공용으로 사용하는 재산**

  ㎝ 부과

  ① 유료로 사용하는 경우

  ② 소유권의 <u>유상이전</u>을 약정한 경우로서 그 재산을 취득하기 전에 미리 사용하는 경우

3. 다음에 따른 재산(<u>사치성재산은 제외한다</u>)

  ① **도로 · 하천 · 제방 · 구거 · 유지 및 묘지**

  ② 「산림보호법」에 따른 산림보호구역, 그 밖에 다음에 해당하는 토지

    ㉠ 군사기지 및 군사시설 보호구역 중 **통제보호구역에 있는 토지**. 다만, **전 · 답 · 과수원 및 대지는 제외**한다.

    > ⓐ 제한보호구역 내 임야 : 분리과세대상 토지
    > ⓑ 통제보호구역 내 임야 : 비과세

    ㉡ **채종림 · 시험림**

    ㉢ 「자연공원법」에 따른 공원자연보존지구의 임야

      ㎝ 공원자연환경지구 안의 임야 : 분리과세대상 토지

    ㉣ 백두대간보호지역의 임야

  ③ **임시로 사용하기 위하여 건축된 건축물로서 재산세 과세기준일 현재 1년 미만의 것**

  ④ 비상재해구조용, 무료도선용, 선교(船橋) 구성용 및 본선에 속하는 전마용(傳馬用) 등으로 사용하는 선박

  ⑤ 행정기관으로부터 **철거명령을 받은** 건축물 등 재산세를 부과하는 것이 적절하지 아니한 **건축물** 또는 **주택**(「건축법」에 따른 **건축물 부분으로 한정**한다)

86 「지방세법」상 재산세 비과세 대상에 해당하는 것은? (단, 주어진 조건 외에는 고려하지 않음)

① 국가, 지방자치단체가 1년 이상 유료로 사용하는 경우

② 대한민국 정부기관의 재산에 대하여 과세하는 외국정부의 재산

③ 대통령령으로 정하는 도로·하천·제방·구거·유지 및 묘지

④ 임시로 사용하기 위하여 건축된 건축물로서 재산세 과세기준일 현재 1년 미만인 법령에 따른 고급오락장

⑤ 「군사기지 및 군사시설 보호법」에 따른 군사기지 및 군사시설 보호구역 중 통제보호구역에 있는 전·답·과수원 및 대지

종합부동산세 : 5문제 [87 ~ 91]

◈ Key Point | **종합부동산세 특징 (필수서 p.112)**

---

1. 국 세
2. 보유과세
3. <u>합산과세(전국 합산)</u> ⒸⒻ 세대별 합산(×) → 개인별 합산(○)
4. 정부부과제도(신고납세제도 선택) (12월 1일 ~ 12월 15일)
5. 과세기준일(매년 6월 1일) = 재산세와 동일

재산세 과세대상	재산세 세율		재산세 납기	종합부동산세 과세대상		종합부동산세 납부기간
토 지	고율분리	4%	9월 16일~ 9월 30일	–	–	12월 1일~ 12월 15일
	종합합산	0.2~0.5%		종합합산	5억원 초과	
	별도합산	0.2~0.4%		별도합산	80억원 초과	
	저율분리	0.2%		–	–	
		0.07%		–	–	–
건축물	0.25%, 0.5%, 4%		7월 16일~ 7월 31일	–	–	
주 택	주택	0.1~0.4%	① $\frac{1}{2}$: 7월 16일~ 7월 31일	주택	9억원 초과	12월 1일~ 12월 15일
	1세대 1주택 (시가표준액 9억원 이하)	0.05~0.35%	② $\frac{1}{2}$: 9월 16일~ 9월 30일	1세대 1주택자 (단독명의)	12억원 초과	
선 박	–		7월 16일~ 7월 31일	–	–	
항공기	–		7월 16일~ 7월 31일	–	–	

|주의| **형광펜**
① 재산세 초과누진세율
② 종합부동산세 과세대상

---

87 「종합부동산세법」상 종합부동산세의 과세대상인 것은?

① 취득세 중과대상인 고급오락장용 건축물

② 여객자동차운송사업 면허를 받은 자가 그 면허에 따라 사용하는 차고용 토지(자동차운송사업의 최저보유차고면적기준의 1.5배에 해당하는 면적 이내의 토지)

③ 공장용 건축물

④ 「지방세법」에 따라 재산세가 비과세되는 토지

⑤ 종중이 1990년 1월부터 소유하는 농지

Key Point | 종합부동산세 전체 흐름도 (필수서 p.113)

1. 주 택
   (1) 개 인

   (공시가격 합산액 − 9억원) × 공정시장가액비율(60%) ⇨ 과세표준 × 세율 ⇨ 산출세액
   － 재산세
   ⇨ 납부세액

   ① 전국 합산
   ② 소유자별 합산
   ③ 세대별 합산 (×)
   ④ 단독주택 : 개별주택가격
   ⑤ 공동주택 : 공동주택가격
   ⑥ 합산 배제 : 「문화유산의 보존 및 활용에 관한 법률」에 따른 등록문화유산에 해당하는 주택

   (2) 법 인

   (공시가격 합산액 − 0원) × 공정시장가액비율(60%) ⇨ 과세표준 × 세율 ⇨ 산출세액
   － 재산세
   ⇨ 납부세액

2. 토 지
   (1) 종합합산

   (공시가격 합산액 − 5억원) × 공정시장가액비율(100%) ⇨ 과세표준 × 세율 ⇨ 산출세액
   － 재산세
   ⇨ 납부세액

   ① 전국 합산
   ② 소유자별 합산
   ③ 세대별 합산 (×)
   ④ 토지 : 개별공시지가

   (2) 별도합산

   (공시가격 합산액 − 80억원) × 공정시장가액비율(100%) ⇨ 과세표준 × 세율 ⇨ 산출세액
   － 재산세
   ⇨ 납부세액

   ① 전국 합산
   ② 소유자별 합산
   ③ 세대별 합산 (×)
   ④ 토지 : 개별공시지가

◈ Key Point │ **주택에 대한 과세 (필수서 p.114)**

1. **납세의무자**: 과세기준일 현재 주택분 재산세의 납세의무자는 종합부동산세를 납부할 의무가 있다.

2. **과세표준**

(1) **개 인**

= [인별 주택의 공시가격을 합산한 금액 − 9억원] × 공정시장가액비율(60%)

(2) **개인(1세대 1주택자, 단독명의)** ⓒⓕ **부부 공동명의 1주택자: 9월 16일 ~ 9월 30일 신청**

= [인별 주택의 공시가격을 합산한 금액 − 12억원] × 공정시장가액비율(60%)

(3) **법 인**

= [주택의 공시가격을 합산한 금액 − 0원] × 공정시장가액비율(60%)

3. **세율 및 세액**

(1) **주택분 종합부동산세액**

① **개 인**

㉠ 2주택 이하 소유: 0.5% ~ 2.7% 7단계 초과누진세율

㉡ 3주택 이상 소유: 0.5% ~ 5% 7단계 초과누진세율

② **법 인**

㉠ 2주택 이하 소유: 2.7%

㉡ 3주택 이상 소유: 5%

(2) **재산세액 공제**: 적용된 세액, 상한을 적용받은 세액

(3) **1세대 1주택에 대한 세액공제(①, ② 100분의 80범위에서 중복 가능)**

① **연령 세액공제**: 과세기준일 현재 만 60세 이상인 1세대 1주택자(단독소유)

연 령	공제율
만 60세 이상 65세 미만	100분의 20(20%)
만 65세 이상 70세 미만	100분의 30(30%)
만 70세 이상	100분의 40(40%)

② **장기보유 세액공제**: 1세대 1주택자(단독소유)

보유기간	공제율
5년 이상 10년 미만	100분의 20(20%)
10년 이상 15년 미만	100분의 40(40%)
15년 이상	100분의 50(50%)

(4) **세부담의 상한**

① 개인: 100분의 150

② 법인: 세부담 상한 없음

◈ Key Point | 토지에 대한 과세 (필수서 p.116)

1. 납세의무자

구 분	납세의무자
① 종합합산과세대상	국내에 소재하는 해당 과세대상 토지의 공시가격을 합한 금액이 5억원을 초과하는 자
② 별도합산과세대상	국내에 소재하는 해당 과세대상 토지의 공시가격을 합한 금액이 80억원을 초과하는 자

2. 과세표준

구 분	과세표준
① 종합합산과세대상	(인별 해당 토지의 공시가격을 합산한 금액 − 5억원) × 공정시장가액비율(100%)
② 별도합산과세대상	(인별 해당 토지의 공시가격을 합산한 금액 − 80억원) × 공정시장가액비율(100%)

① 또는 ②의 금액이 '영(0)'보다 작은 경우에는 '영(0)'으로 본다.

3. 세율 및 세액

(1) 종합합산대상인 토지

  ① 토지분 종합합산세액 : 1% ～ 3% 3단계 초과누진세율

  ② 재산세액 공제

(2) 별도합산대상인 토지

  ① 토지분 별도합산세액 : 0.5% ～ 0.7% 3단계 초과누진세율

  ② 재산세액 공제

(3) 세부담 상한

  ① 종합합산과세대상인 경우 : 150%

  ② 별도합산과세대상인 경우 : 150%

✦ Key Point 　종합부동산세 신고 · 납부 등 (필수서 p.118)

1. **부과 · 징수 등**
   (1) 원 칙
   　① <u>관할세무서장</u>은 납부하여야 할 종합부동산세의 세액을 결정하여 해당 연도 <u>12월 1일부터</u>
   　　<u>12월 15일</u>("납부기간"이라 한다)까지 부과 · 징수한다.
   　② <u>관할세무서장</u>은 종합부동산세를 징수하려면 납부고지서에 주택 및 토지로 <u>구분</u>한 과세표
   　　준과 세액을 기재하여 <u>납부기간 개시 5일 전까지</u> <u>발급</u>하여야 한다.
   (2) 예외 : 선택적 신고 · 납부(12월 1일 ~ 12월 15일)
   　① 무신고 가산세 : ×
   　② 과소신고 가산세 : ○
   　③ 납부지연가산세 : ○

2. **물납 → 폐지**(2016년 3월 2일)

3. **분 납**
   (1) 납부하여야 할 세액이 <u>250만원을 초과</u>하는 경우
   (2) **납부기한이 지난 날부터** <u>6개월 이내</u>
   (3) 종합부동산세 분납

구 분	분납대상 세액
납부할 세액이 250만원 초과 500만원 이하	250만원 초과분
납부할 세액이 500만원 초과	납부할 세액의 50% 이하

4. **부가세** : 농어촌특별세(20%)

5. **납세지**
   (1) **개인** : 「<u>소득세법</u>」 규정을 <u>준용(주소지 관할 세무서)</u>
   (2) **법인** : 「<u>법인세법</u>」 규정을 <u>준용(본점 · 주사무소 소재지)</u>

6. **비과세 등**
   (1) 「지방세특례제한법」 또는 「조세특례제한법」에 의한 **재산세의 비과세 · 과세면제 또는 경감**에
   　관한 규정('재산세의 감면규정'이라 함)은 종합부동산세를 부과하는 경우에 **준용**한다.
   (2) 「지방세특례제한법」에 따른 시 · 군의 감면조례에 의한 **재산세의 감면규정**은 종합부동산세를
   　부과하는 경우에 **준용**한다.

88 다음은 주택(합산배제대상 주택 제외)분 종합부동산세 세액계산 흐름도를 설명한 것이다. 틀린 것은? [단, 개인이 2주택(조정대상지역 내 2주택을 소유한 경우는 제외)을 소유한 경우라 가정함]

① 과세표준=[주택의 공시가격의 합(合)−공제액(9억원)]×공정시장가액비율(60%)

② 세율=7단계 초과누진세율(최저 1천분의 5)

③ 종합부동산세액=과세표준×세율

④ 납부세액=종합부동산세액−공제할 재산세액−세부담상한 초과세액

⑤ 세부담상한 초과세액=당해 연도 총세액상당액−전년도 총세액상당액×130%

89 「종합부동산세법」상 종합부동산세에 관한 설명 중 옳은 것은? (단, 감면과 비과세와 「지방세특례제한법」 또는 「조세특례제한법」은 고려하지 않음)

① 1세대 1주택자는 주택의 공시가격을 합산한 금액에서 12억원을 공제한 금액을 과세표준으로 한다.

② 종합부동산세의 분납은 허용되지 않는다.

③ 주택분 종합부동산세액에서 공제되는 재산세액은 재산세 표준세율의 100분의 50의 범위에서 가감된 세율이 적용된 경우에는 그 세율이 적용되기 전의 세액으로 하고, 재산세 세부담 상한을 적용받은 경우에는 그 상한을 적용받기 전의 세액으로 한다.

④ 과세기준일 현재 토지분 재산세 납세의무자로서 「자연공원법」에 따라 지정된 공원자연환경지구의 임야를 소유하는 자는 토지에 대한 종합부동산세를 납부할 의무가 있다.

⑤ 종합부동산세의 납세의무자가 비거주자인 개인으로서 국내사업장이 없고 국내원천소득이 발생하지 아니하는 1주택을 소유한 경우 그 주택 소재지를 납세지로 정한다.

90 종합부동산세에 대한 설명 중 틀린 것은?

① 재산세 과세재산 중 별도합산과세대상토지의 공시가격을 합한 금액이 80억원을 초과하는 자는 종합부동산세를 납부할 의무가 있다.

② 개인의 경우 종합부동산세의 납세지는 소득세법상의 규정을 준용하여 정한다.

③ 혼인함으로써 1세대를 구성하는 경우에는 혼인한 날부터 5년 동안은 주택 또는 토지를 소유하는 자와 그 혼인한 자별로 각각 1세대로 본다.

④ 납세의무자가 해당 연도에 납부하여야 할 종합합산과세대상인 토지에 대한 세부담 상한액은 직전년도에 해당 토지에 부과된 종합부동산세액의 100분의 300이다.

⑤ 국내에 있는 재산세 과세대상인 주택의 공시가격을 합산한 금액이 5억원인 법인은 종합부동산세 납세의무자에 해당한다.

91 「종합부동산세법」상 종합부동산세에 관한 설명으로 틀린 것은? (단, 감면 및 비과세와 「지방세특례제한법」 또는 「조세특례제한법」은 고려하지 않음)

① 관할세무서장은 종합부동산세로 납부하여야 할 세액이 250만원을 초과하는 경우에는 대통령령으로 정하는 바에 따라 그 세액의 일부를 납부기한이 지난 날부터 6개월 이내에 분납하게 할 수 있다.

② 모회사인 A법인과 자회사인 B법인이 소유한 국내에 있는 재산세 과세대상인 주택의 공시가격을 합한 금액이 10억원(모회사 6억원, 자회사 4억원)인 경우 모회사인 A법인과 자회사인 B법인은 모두 종합부동산세 납세의무자에 해당한다.

③ 「지방세특례제한법」 또는 「조세특례제한법」에 의한 재산세의 비과세·과세면제 또는 경감에 관한 규정은 종합부동산세를 부과하는 경우에 준용한다.

④ 종합부동산세의 납세의무자가 개인 또는 법인으로 보지 아니하는 단체인 경우에는 소득세법 제6조의 규정을 준용하여 납세지를 정한다.

⑤ 종합합산과세대상인 토지에 대한 납세의무자가 과세기준일 현재 만 75세이고 해당 토지를 과세기준일 현재 17년 보유한 경우 공제율은 100분의 80이다.

조세총론 : 9문제 [92 ~ 100]

◈ Key Point | **과세주체(과세권자)에 따른 분류 (필수서 p.122)**

조세 (세금)	국 세	–	종합부동산세, 소득세(양도소득세)
	지방세	도세(특별시 · 광역시 · 도)	취득세
		시 · 군세(시 · 군 · 구)	재산세

ⓒ **등록면허세** : 구세, 도세
　① 특별시 · 광역시 : 구청
　② 도 : 도청

1. **보통세** : 일반 경비에 충당하는 조세
2. **목적세** : 특정 용도에 충당하는 조세
　① 국세 : 교육세, 교통 · 에너지 · 환경세, 농어촌특별세
　② 지방세 : 지역자원시설세, 지방교육세
　　ⓒ 지방소득세 (×) : 보통세

92 「지방세기본법」상 도세 세목이 아닌 것은?

　① 재산세
　② 지방소비세
　③ 등록면허세
　④ 지역자원시설세
　⑤ 취득세

🔷 Key Point / 납세의무의 성립 (필수서 p.124)

1. 납세의무의 성립시기: 추상적

　(1) **국세의 납세의무 성립시기**(본세 = 부가세)

① 소득세	과세기간이 끝나는 때 = 지방소득세 성립시기
② 종합부동산세	과세기준일(매년 6월 1일) = 농어촌특별세 성립시기

　(2) **지방세의 납세의무 성립시기**(본세 = 부가세)

① 취득세	취득세 과세물건을 취득하는 때
② 등록면허세	재산권과 그 밖의 권리를 등기하거나 등록하는 때
③ 재산세	과세기준일(매년 6월 1일) = 지방교육세 성립시기

93 국세 및 지방세의 납세의무 성립시기에 관한 내용으로 틀린 것은? (단, 특별징수 및 수시부과와 무관함)

① 소득세: 과세기간이 끝나는 때

② 거주자의 양도소득에 대한 지방소득세: 과세표준이 되는 소득에 대하여 소득세의 납세의무가 성립하는 때

③ 종합부동산세: 과세기준일

④ 취득세: 과세물건을 취득한 날부터 60일이 되는 때

⑤ 재산세: 과세기준일

◆ **Key Point** | **납세의무의 확정 (필수서 p.124)**

과세권자 (= 과세관청)	국 세	정부부과제도	종합부동산세(원칙)
	지방세	보통징수	재산세
↓↑			
납세자	국 세	신고납세제도	소득세(양도소득세), 종합부동산세(선택)
	지방세	신고납부	취득세, 등록면허세

94 「국세기본법」 제22조 [납세의무의 확정]에 설명이다. 틀린 것은?

① 소득세는 납세의무자가 과세표준과 세액을 정부에 신고했을 때에 확정된다.

② 소득세의 납세의무자가 과세표준과 세액의 신고를 하지 아니하거나 신고한 과세표준과 세액이 세법에서 정하는 바와 맞지 아니한 경우에는 정부가 과세표준과 세액을 결정하거나 경정하는 때에 그 결정 또는 경정에 따라 확정된다.

③ 종합부동산세는 해당 국세의 과세표준과 세액을 정부가 결정하는 때에 확정된다.

④ 납세의무자가 「종합부동산세법」 제16조 제3항에 따라 과세표준과 세액을 정부에 신고하는 경우에는 납세의무자가 과세표준과 세액을 정부에 신고했을 때에 확정된다.

⑤ 양도소득세의 예정신고만으로 양도소득세 납세의무가 확정되지 아니한다.

95 원칙적으로 과세관청의 결정에 의하여 납세의무가 확정되는 국세를 모두 고른 것은?

> ㉠ 취득세
> ㉡ 종합부동산세
> ㉢ 재산세
> ㉣ 양도소득세

① ㉠   ② ㉡   ③ ㉢

④ ㉡, ㉢   ⑤ ㉢, ㉣

◈ Key Point 납부의무의 소멸 (필수서 p.125)

① 납 부	세액을 국고에 납입하는 것
② 충 당	납부할 국세 등과 국세환급금을 상계, 공매대금으로 체납액에 충당
③ 부과가 취소된 때	부과철회 ×
④ 부과할 수 있는 기간에 부과되지 아니하고 그 기간이 끝난 때 (제척기간 만료)	㉠ **국세** 부과의 제척기간 　ⓐ 상속세와 증여세: 10년, 15년 　ⓑ 일반적인 세목(상속세와 증여세 이외): 5년, 7년(무신고), 10년(사기) ㉡ **지방세** 부과의 제척기간: 5년, 7년(무신고), 10년(사기)
⑤ 징수권의 소멸시효가 완성된 때	㉠ **국세** 소멸시효 　ⓐ 5억원 이상의 국세: 10년 　ⓑ ⓐ 외(5억원 미만)의 국세: 5년 ㉡ **지방세** 소멸시효 　ⓐ 5천만원 이상의 지방세: 10년 　ⓑ ⓐ 외(5천만원 미만)의 지방세: 5년

96 다음은 「국세기본법」상 국세부과의 제척기간에 관한 설명이다. 가장 옳지 않은 것은?

① 국세부과의 제척기간은 권리관계를 조속히 확정시키려는 것이므로 국세징수권 소멸시효와는 달리 진행기간의 중단이나 정지가 없으므로 제척기간이 경과하면 정부의 부과권은 소멸되어 과세표준이나 세액을 변경하는 어떤 결정(경정)도 할 수 없다.

② 과세표준과 세액을 신고하는 국세(「종합부동산세법」에 따라 신고하는 종합부동산세는 제외한다)의 경우 해당 국세의 과세표준과 세액에 대한 신고기한 또는 신고서 제출기한의 다음 날이 국세부과 제척기간의 기산일이다.

③ 종합부동산세의 제척기간 기산일은 납세의무가 성립한 날이다.

④ 소득세 납세자가 법정신고기한까지 과세표준신고서를 제출하지 아니한 경우 제척기간은 해당 소득세를 부과할 수 있는 날부터 5년간이다.

⑤ 증여세 신고서를 제출한 자가 거짓 신고 또는 누락신고를 한 경우(그 거짓신고 또는 누락신고를 한 부분만 해당한다)의 제척기간은 부과할 수 있는 날부터 15년간이다.

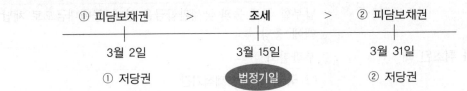

Key Point 조세(국세·지방세)와 다른 채권의 관계 (필수서 p.126)

1. 조세(국세·지방세)와 피담보채권의 우선관계

① 피담보채권 > 조세 > ② 피담보채권

3월 2일	3월 15일	3월 31일
① 저당권	법정기일	② 저당권

2. 다만, "그 재산에 대하여 부과된 조세"는 언제나 조세가 우선한다.
= 법정기일 전에 설정된 **피담보채권보다 우선하는 조세**
= 당해세

① 국세 : 상속세, 증여세, 종합부동산세
② 지방세 : 재산세, 지역자원시설세(소방분에 대한 지역자원시설세만 해당한다), 지방교육세(재산세와 자동차세에 부가되는 지방교육세만 해당한다)

사례 재산세 고지서(건축물)

세 목	납기 내 금액(7월 31일)	납기 후 금액(8월 31일)
재산세	XXX	XXX
도시지역분	XXX	XXX
(소방분)지역자원시설세	XXX	XXX
지방교육세	XXX	XXX
세액합계	XXX	XXX

97 「국세기본법」 및 「지방세기본법」상 조세채권과 일반채권의 관계에 관한 설명으로 틀린 것은?

① 납세담보물을 매각하였을 때에는 압류 순서에 관계없이 그 담보된 국세 및 강제징수비는 매각대금 중에서 다른 국세 및 강제징수비와 지방세에 우선하여 징수한다.

② 재산의 매각대금 배분시 당해 재산에 부과된 종합부동산세는 당해 재산에 설정된 전세권에 따라 담보된 채권보다 우선한다.

③ 소득세의 법정기일 전에 주택임대차보호법에 따른 대항요건과 확정일자를 갖춘 사실이 증명되는 재산을 매각할 때 그 매각금액 중에서 소득세를 징수하는 경우, 그 확정일자를 갖춘 임대차계약서상의 보증금은 소득세보다 우선 변제된다.

④ 취득세 신고서를 납세지 관할 지방자치단체장에게 제출한 날 전에 저당권 설정 등기 사실이 증명되는 재산을 매각하여 그 매각대금에서 취득세를 징수하는 경우, 저당권에 따라 담보된 채권은 취득세에 우선한다.

⑤ 재산의 매각대금 배분시 당해 재산에 부과된 재산세는 당해 재산에 설정된 저당권에 따라 담보된 채권보다 우선하지 못한다.

🔷 Key Point | 거래 단계별 조세 (필수서 p.130)

취 득	보 유	양 도
취득세 ① 농어촌특별세(10%, 20%) ② 지방교육세(20%)	재산세 지방교육세(20%)	양도소득세 농어촌특별세(20%)
등록면허세 ① 지방교육세(20%) ② 농어촌특별세(20%)	종합부동산세 농어촌특별세(20%)	지방소득세 (독립세)
농어촌특별세	농어촌특별세	농어촌특별세
부가가치세	부가가치세	부가가치세
인지세	—	인지세
상속세	—	—
증여세	—	—
—	종합소득세 (부동산임대업)	종합소득세 (부동산매매업)
—	지방소득세 (독립세) (부동산임대업)	지방소득세 (독립세) (부동산매매업, 양도)

98 거주자인 개인 甲이 乙로부터 부동산을 취득하는 경우, 거주자인 개인 甲이 취득단계에서 부담할 수 있는 지방세를 모두 고른 것은?

> ㉠ 취득세
> ㉡ 농어촌특별세
> ㉢ 재산세
> ㉣ 종합부동산세
> ㉤ 양도소득세

① ㉠   ② ㉠, ㉡   ③ ㉠, ㉡, ㉢
④ ㉡   ⑤ ㉡, ㉤

Key Point ＼ 물납과 분납 (필수서 p.131)

구 분	취득세	등록면허세	재산세	종합부동산세	종합소득세	양도소득세
물 납	×	×	○ (관할구역, 부동산)	×	×	×
분 납	×	×	○ (3개월)	○ (6개월)	○ (2개월)	○ (2개월)

99 다음은 부동산세법상 물납 및 분납(분할납부)에 관한 설명이다. 틀린 것은?

① 지방자치단체의 장은 재산세의 납부세액이 250만원을 초과하는 경우에는 대통령령으로 정하는 바에 따라 납부할 세액의 일부를 납부기한이 지난 날부터 3개월 이내에 분할납부하게 할 수 있다.

② 관할세무서장은 종합부동산세로 납부하여야 할 세액이 250만원을 초과하는 경우에는 대통령령으로 정하는 바에 따라 그 세액의 일부를 납부기한이 지난 날부터 6개월 이내에 분납하게 할 수 있다.

③ 지방자치단체의 장은 재산세의 납부세액이 1천만원을 초과하는 경우에는 납세의무자의 신청을 받아 해당 지방자치단체의 관할구역에 있는 부동산에 대해서만 대통령령으로 정하는 바에 따라 물납을 허가할 수 있다.

④ 관할세무서장은 종합부동산세로 납부하여야 할 세액이 1천만원을 초과하는 경우에는 대통령령이 정하는 바에 의하여 물납을 허가할 수 있다.

⑤ 거주자로서 「소득세법」 제65조(중간예납)·제69조(부동산매매업자의 토지 등 매매차익예정신고와 납부) 또는 제76조(확정신고납부)에 따라 납부할 세액이 각각 1천만원을 초과하는 자는 대통령령으로 정하는 바에 따라 그 납부할 세액의 일부를 납부기한이 지난 후 2개월 이내에 분할납부할 수 있다.

100 「지방세기본법」상 부과 및 징수, 불복, 서류의 송달에 관한 설명으로 틀린 것은?

① 지방세에 관한 불복시 불복청구인은 이의신청을 거치지 않고 심판청구를 제기할 수 없다.

② 「지방세기본법」에 따른 과태료의 부과처분을 받은 자는 이의신청 또는 심판청구를 할 수 없다.

③ 이의신청인은 신청 또는 청구 금액이 8백만원인 경우에는 그의 배우자를 대리인으로 선임할 수 있다.

④ 교부에 의한 서류송달의 경우에 송달할 장소에서 서류를 송달받아야 할 자를 만나지 못하였을 때에는 그의 사용인으로서 사리를 분별할 수 있는 사람에게 서류를 송달할 수 있다.

⑤ 기한을 정하여 납세고지서를 송달하였더라도 서류가 도달한 날부터 7일이 되는 날에 납부기한이 되는 경우 지방자치단체의 징수금의 납부기한은 해당 서류가 도달한 날부터 14일이 지난 날로 한다.

부록

복습문제

본문의 문제를 하나로 모아
다시 한 번 복습할 수 있도록 하였습니다.

01 복습문제

01 다음은 「소득세법」에 대한 설명으로 틀린 것은?

① 양도소득에 대한 과세표준은 종합소득 및 퇴직소득에 대한 과세표준과 구분하여 계산한다.

② 양도소득세 납세의무의 확정은 관할세무서장의 결정에 의하지 않고 납세의무자의 신고에 의한다.

③ 해당 과세기간의 주거용 건물 임대업을 제외한 부동산임대업에서 발생한 결손금은 그 과세기간의 종합소득과세표준을 계산할 때 공제하지 않는다.

④ 부동산임대업에서 발생한 사업소득에 대한 종합소득세는 분할납부는 가능하고 물납은 신청할 수 없다.

⑤ 공동사업에 관한 소득금액을 계산하는 경우(주된 공동사업자에게 합산과세되는 경우 제외)에는 해당 공동사업자가 그 종합소득세를 연대하여 납부할 의무를 진다.

02 다음은 「소득세법」에 대한 설명이다. 틀린 것은?

① 공동으로 소유한 자산에 대한 양도소득금액을 계산하는 경우에는 해당 자산을 공동으로 소유하는 공유자가 그 양도소득세를 연대하여 납부할 의무를 진다.

② 비거주자가 국외 토지를 양도한 경우 양도소득세 납부의무는 없다.

③ 거주자가 국외 토지를 양도한 경우 양도일까지 계속해서 10년간 국내에 주소를 두었다면 양도소득 과세표준을 예정신고하여야 한다.

④ 거주자에 대한 소득세의 납세지는 그 주소지로 하는 것이나, 주민등록이 직권말소된 자로서 실제의 주소지 및 거소지가 확인되지 아니하는 거주자의 납세지는 말소 당시 주소지로 한다.

⑤ 비거주자의 소득세 납세지는 제120조에 따른 국내사업장의 소재지로 한다. 다만, 국내사업장이 둘 이상 있는 경우에는 주된 국내사업장의 소재지로 하고, 국내사업장이 없는 경우에는 국내원천소득이 발생하는 장소로 한다.

03 「소득세법」상 거주자의 부동산임대업에서 발생하는 소득에 관한 설명으로 옳은 것은?

① 미등기부동산을 임대하고 그 대가로 받는 것은 사업소득이 아니다.

② 지역권·지상권을 설정하거나 대여함으로써 발생하는 소득은 기타소득이다. 다만, 「공익사업을 위한 토지 등의 취득 및 보상에 관한 법률」 제4조에 따른 공익사업과 관련하여 지역권·지상권(지하 또는 공중에 설정된 권리를 포함한다)을 설정하거나 대여함으로써 발생하는 소득은 사업소득이다.

③ 자기소유의 부동산을 타인의 담보로 사용하게 하고 그 사용대가로 받는 것은 기타소득이다.

④ 주택의 임대로 인하여 얻은 과세대상 소득은 사업소득으로서 해당 거주자의 종합소득금액에 합산된다.

⑤ 지상권을 양도함으로써 발생하는 소득은 기타소득이다.

04 「소득세법」상 거주자가 부동산 등을 임대하여 발생하는 소득에 관한 설명으로 틀린 것은?

① 부부가 각각 주택을 1채씩 보유한 상태에서 그중 1주택을 임대하고 연간 2,800만원의 임대료를 받았을 경우 주택임대에 따른 과세소득은 있다.

② 거주자의 보유주택 수를 계산함에 있어서 다가구주택은 1개의 주택으로 보되, 구분등기된 경우에는 각각을 1개의 주택으로 계산한다.

③ 주택을 임대하여 얻은 소득은 거주자가 사업자등록을 한 경우에 한하여 소득세 납세의무가 있다.

④ 국외에 소재하는 임대주택은 주택 수에 관계없이 과세된다.

⑤ 주택임대소득이 과세되는 고가주택은 과세기간 종료일 현재 기준시가 12억원을 초과하는 주택을 말한다.

05 「소득세법」상 거주자의 부동산임대업에서 발생하는 소득에 관한 설명으로 틀린 것은?

① 주택 2채를 소유한 거주자가 1채는 월세계약으로, 나머지 1채는 전세계약의 형태로 임대한 경우 월세계약에 의하여 받은 임대료에 대해서만 소득세가 과세된다.

② 2주택(법령에 따른 소형주택 아님)과 2개의 상업용 건물을 소유하는 자가 보증금을 받은 경우 2개의 상업용 건물에 대하여만 법령으로 정하는 바에 따라 계산한 간주임대료를 사업소득 총수입금액에 산입한다.

③ 임대보증금의 간주임대료를 계산하는 과정에서 금융수익을 차감할 때 그 금융수익은 수입이자와 할인료, 수입배당금, 유가증권처분이익으로 한다.

④ 국내소재 3주택(법령에 따른 소형주택 아님)을 소유한 자가 받은 주택임대보증금의 합계액이 4억원인 경우, 그 보증금에 대하여 법령에서 정한 산식으로 계산한 금액을 총수입금액에 산입한다.

⑤ 주택 1채만을 소유한 거주자가 과세기간 종료일 현재 기준시가 13억원인 해당 주택을 전세금을 받고 임대하여 얻은 소득에 대해서는 소득세가 과세되지 아니한다.

06 「소득세법」상 부동산임대업에서 발생한 소득에 관한 설명으로 틀린 것은?

① 해당 과세기간에 분리과세 주택임대소득이 있는 거주자(종합소득과세표준이 없거나 결손금이 있는 거주자 포함)는 그 종합소득 과세표준을 그 과세기간의 다음 연도 5월 1일부터 5월 31일까지 신고하여야 한다.

② 사업자가 부동산을 임대하고 임대료 외에 전기료·수도료 등 공공요금의 명목으로 지급받은 금액이 공공요금의 납부액을 초과할 때 그 초과하는 금액은 사업소득 총수입금액에 산입한다.

③ 공익사업과 관련된 지상권의 대여로 인한 소득은 부동산임대업에서 발생한 소득에서 제외한다.

④ 사업소득에 부동산임대업에서 발생한 소득이 포함되어 있는 사업자는 그 소득별로 구분하여 회계처리하여야 한다.

⑤ 주택임대사업자인 거주자 甲은 국내에 A, B, C주택을 임대하고 있다. 그중 B주택(주거전용면적 40m², 기준시가 2억원)을 보증금 1억원을 받고 임대하여 얻은 소득에 대해서는 소득세가 과세된다.

07 「소득세법」상 양도에 해당하는 것으로 옳은 것은?

① 「도시개발법」에 따라 토지의 일부가 보류지로 충당되는 경우

② 부동산의 부담부증여에 있어서 수증자가 인수하는 채무액 상당액

③ 매매원인 무효의 소에 의하여 그 매매사실이 원인무효로 판시되어 환원될 경우

④ 이혼으로 인하여 혼인 중에 형성된 부부공동재산을 「민법」 제839조의 2에 따라 재산분할하는 경우

⑤ 공동소유의 토지를 공유자지분 변경 없이 2개 이상의 공유토지로 분할하였다가 공동지분의 변경 없이 그 공유토지를 소유지분별로 단순히 재분할하는 경우

08 다음 중 양도소득세 과세대상인 양도의 개념 설명 중 옳은 것은?

① 공동소유의 토지를 공유자 지분 변경 없이 2개 이상의 공유토지로 분할한 때에는 양도로 보지 아니하는 것이나, 분할한 그 공유토지를 소유지분별로 재분할하는 경우에는 이를 양도로 본다.

② 배우자 간의 부담부증여에 있어서 수증자가 인수한 증여자의 채무액은 증여재산가액에서 공제하지 아니하고 증여세가 과세되므로, 항상 양도로 보지 아니한다.

③ 양도라 함은 매도, 교환, 법인에 대한 현물출자 등으로 그 자산이 유상으로 이전되는 것으로서, 소유권이전을 위한 등기 또는 등록을 과세의 조건으로 한다.

④ 법원의 확정판결에 의하여 신탁해지를 원인으로 소유권이전등기를 하는 경우에는 양도로 본다.

⑤ 법정요건을 갖춘 양도담보계약에 의하여 소유권을 이전한 경우에는 이를 양도로 보지 아니하되, 채무불이행으로 변제에 충당한 때에는 이를 양도한 것으로 본다.

09 양도소득세에 있어서 양도의 개념에 관한 설명 중 틀린 것은?

① 적법하게 소유권이 이전된 매매계약이 당사자 간의 해제를 원인으로 당초 소유자 명의로 소유권이 환원된 경우에는 양도에 해당한다.

② 임의경매절차에 의하여 소유권이 사실상 유상이전된 경우는 양도에 해당하며, 강제경매 · 공매의 경우에도 양도에 해당한다.

③ 조세를 부동산으로 물납한 경우에는 양도에 해당한다.

④ 재산분할청구권에 의하여 소유권을 이전한 경우에는 양도에 해당한다.

⑤ 법원의 확정판결에 의하여 신탁해지를 원인으로 소유권 이전등기를 하는 경우에는 양도로 보지 아니한다.

10 거주자 甲이 배우자·직계존비속이 아닌 거주자 乙에게 상업용 건물을 부담부증여하고 乙이 甲의 해당 피담보채권을 인수한 경우 甲의 양도차익은 얼마인가?

> ㉠ 甲의 취득당시 실지거래가액은 1억원이다.
> ㉡ 증여일 현재 「상속세 및 증여세법」 규정에 따른 평가액(감정가액)은 2억원이다.
> ㉢ 상업용 건물에는 금융회사로부터의 차입금 1억원(채권최고액 : 1억2천만원)에 대한 근저당권이 설정되어 있다.
> ㉣ 등기된 상업용건물이며, 甲의 취득시 부대비용은 5백만원이다.
> ㉤ 양도가액은 양도 당시 「상속세 및 증여세법」 규정에 따른 평가액(감정가액)을 기준으로 계산한다.

① 35,000,000원

② 40,000,000원

③ 42,000,000원

④ 45,000,000원

⑤ 47,500,000원

11 양도소득세는 등기·등록에 관계없이 사실상 유상이전이면 양도소득세를 과세하고 있다. 다음은 양도의 개념에 대한 설명이다. 옳은 것은?

① 공공사업목적으로 공공사업시행자에게 수용된 것은 양도로 보지 아니한다.

② 배우자 또는 직계존비속에게 재산을 양도한 경우에는 양도로 보지 아니하고 증여로 의제한다.

③ 소유자산을 경매·공매로 인하여 자기가 재취득하는 경우에는 자산의 유상이전에 해당되지 않으므로 양도로 보지 않는다.

④ 매매계약 체결 후 잔금청산 전 매매계약의 해제로 원소유자에게 소유권을 환원한 경우에는 양도로 본다.

⑤ 甲과 乙이 균등으로 공동소유한 토지를 대가 없이 甲 70%, 乙 30%의 지분으로 분할한 경우에는 양도에 해당한다.

12 다음 중 양도소득세가 과세될 수 있는 양도가 아닌 것은?

① 법인에 부동산을 현물출자하는 경우
② 채무불이행으로 인하여 담보로 제공된 토지가 변제에 충당되는 경우
③ 공공사업시행자가 체비지를 매각하는 경우
④ 이혼시 일방의 재산분할청구권의 행사에 의해 부동산의 소유권이 이전되는 경우
⑤ 환지계획에 의해 환지처분으로 취득한 토지를 매각하는 경우

13 「소득세법」상 거주자의 양도소득세 과세대상이 아닌 것은? (단, 국내 자산을 가정함)

① 개인의 토지를 법인에 현물출자
② 등기된 부동산임차권의 양도
③ 이혼으로 인하여 혼인 중에 형성된 부부공동재산을 「민법」 제839조의 2에 따라 재산분할하는 경우
④ 사업에 사용하는 토지·건물 및 부동산에 관한 권리와 함께 영업권의 양도
⑤ 건물이 완성되는 때에 그 건물과 이에 딸린 토지를 취득할 수 있는 권리의 양도

14 「소득세법」상 거주자의 양도소득세 과세대상이 아닌 것은 몇 개인가? (단, 거주자가 국내 자산을 양도한 것으로 한정함)

> ㉠ 등기된 부동산임차권
> ㉡ 영업권(사업용 고정자산과 분리되어 양도되는 것)
> ㉢ 전세권
> ㉣ 개인의 토지를 법인에 현물출자
> ㉤ 지상권의 양도
> ㉥ 「도시개발법」이나 그 밖의 법률에 따른 환지처분으로 지목 또는 지번의 변경
> ㉦ 지방자치단체가 발행하는 토지상환채권을 양도하는 경우
> ㉧ 주거용 건물건설업자가 당초부터 판매할 목적으로 신축한 다가구주택을 양도하는 경우

① 1개   ② 2개   ③ 3개
④ 4개   ⑤ 5개

15 「소득세법」상 양도차익 계산시 취득 및 양도시기로 틀린 것은?

① 대금을 청산한 날이 분명하지 아니한 경우: 등기부·등록부 또는 명부 등에 기재된 등기·등록접수일 또는 명의개서일

② 대금을 청산하기 전에 소유권이전등기(등록 및 명의개서 포함)를 한 경우: 등기 부·등록부 또는 명부 등에 기재된 등기접수일

③ 상속에 의하여 취득한 자산: 피상속인의 취득일

④ 증여에 의하여 취득한 자산: 증여를 받은 날

⑤ 「공익사업을 위한 토지 등의 취득 및 보상에 관한 법률」에 따라 공익사업을 위하여 수용되는 경우: 대금을 청산한 날, 수용의 개시일 또는 소유권이전등기접수일 중 빠른 날. 다만, 소유권에 관한 소송으로 보상금이 공탁된 경우에는 소유권 관련 소 송 판결 확정일로 한다.

16 현행 「소득세법」에서 규정하는 토지의 양도 및 취득의 시기에 관하여 틀린 것은?

① 토지의 양도 및 취득시기는 원칙적으로 토지의 대금을 청산한 날

② 환지처분에 의하여 취득한 토지의 취득시기는 토지의 환지처분을 받은 날

③ 자기가 건설한 건축물에 있어서는 「건축법」 제22조 제2항에 따른 사용승인서 교부 일. 다만, 사용승인서 교부일 전에 사실상 사용하거나 같은 조 제3항 제2호에 따른 임시사용승인을 받은 경우에는 그 사실상의 사용일 또는 임시사용승인을 받은 날 중 빠른 날로 하고, 건축 허가를 받지 아니하고 건축하는 건축물에 있어서는 그 사 실상의 사용일로 한다.

④ 「민법」 제245조 제1항의 규정에 의하여 부동산의 소유권을 취득하는 경우에는 당해 부동산의 점유를 개시한 날

⑤ 장기할부조건의 경우에는 소유권이전등기접수일·인도일 또는 사용수익일 중 빠른 날

17 양도소득과세표준 계산에서 그 공제순위가 제일 나중인 것은?

① 양도소득기본공제액

② 자본적지출액

③ 장기보유특별공제액

④ 양도비용

⑤ 설비비, 개량비

18 미등기부동산의 양도소득에 대한 과세표준으로 옳은 것은?

① 양도가액 – 필요경비 – 장기보유특별공제 – 양도소득기본공제

② 양도가액 – 필요경비 – 양도소득특별공제 – 장기보유특별공제 – 양도소득기본공제

③ 양도가액 – 필요경비

④ 양도가액 – 필요경비 – 양도소득기본공제

⑤ 양도가액 – 필요경비 – 양도소득기본공제 – 장기보유특별공제

19 「소득세법」상 거주자가 국내소재 주택의 양도가액과 취득가액을 실지 거래된 금액을 기준으로 양도차익을 산정하는 경우에 관한 설명 중 틀린 것은 몇 개인가? (단, 지출액은 양도주택과 관련된 것으로 전액 양도자가 부담함)

> ㉠ 양도와 취득시의 실지거래가액을 확인할 수 있는 경우에는 양도가액과 취득가액을 실지거래가액으로 산정한다.
> ㉡ 양도소득의 총수입금액은 양도가액으로 한다.
> ㉢ 취득가액을 실지거래가액으로 계산하는 경우 자본적 지출액은 필요경비에 포함된다.
> ㉣ 주택의 취득대금에 충당하기 위한 대출금의 이자지급액은 필요경비에 해당하지 않는다.
> ㉤ 취득시 법령의 규정에 따라 매입한 국민주택채권을 만기 전에 법령이 정하는 금융기관에 양도함으로써 발생하는 매각차손은 필요경비에 해당한다.
> ㉥ 양도 전 주택의 이용편의를 위한 방 확장 공사비용(이로 인해 주택의 가치가 증가됨)은 필요경비에 해당한다.
> ㉦ 양도소득세 과세표준 신고서 작성비용은 필요경비에 해당한다.
> ㉧ 공인중개사에게 지출한 중개보수는 필요경비에 해당한다.

① 0개   ② 1개   ③ 2개

④ 3개   ⑤ 4개

20 「소득세법」상 사업소득이 있는 거주자가 실지거래가액에 의해 부동산의 양도차익을 계산하는 경우 양도가액에서 공제할 필요경비에 포함되는 것은? [다만, 자본적 지출에 관한 적격증명서류(세금계산서·계산서·신용카드매출전표·현금영수증)를 수취·보관한 경우라 가정함]

① 취득에 관한 쟁송이 있는 자산에 대하여 그 소유권 등을 확보하기 위하여 직접 소요된 소송비용·화해비용 등의 금액으로서 그 지출한 연도의 각 소득금액의 계산에 있어서 필요경비에 산입한 금액

② 당사자 약정에 의한 대금지급방법에 따라 취득원가에 이자상당액을 가산하여 거래가액을 확정하는 경우 당해 이자상당액

③ 양도자산의 보유기간 중에 그 자산의 감가상각비로서 사업소득금액의 계산시에 필요경비로 산입한 금액

④ 매입시 기업회계기준에 따라 발생한 현재가치할인차금 중 보유기간 동안 사업소득의 필요경비로 산입된 금액

⑤ 소득세법상의 부당행위계산에 의한 시가초과액과 주택의 취득대금에 충당하기 위한 대출금의 이자지급액

21 「소득세법」상 거주자의 양도소득세가 과세되는 부동산의 양도가액 또는 취득가액을 추계조사하여 양도소득 과세표준 및 세액을 결정 또는 경정하는 경우에 관한 설명으로 틀린 것은? (단, 매매사례가액과 감정가액은 특수관계인과의 거래가액이 아님)

① 양도 또는 취득당시의 실지거래가액의 확인을 위하여 필요한 장부·매매계약서·영수증 기타 증빙서류가 없거나 그 중요한 부분이 미비된 경우 추계결정 또는 경정의 사유에 해당한다.

② 취득당시 실지거래가액을 확인할 수 없는 경우에는 매매사례가액, 환산가액, 감정가액, 기준시가를 순차로 적용하여 산정한 가액을 취득가액으로 한다.

③ 매매사례가액은 양도일 또는 취득일 전후 각 3개월 이내에 해당 자산과 동일성 또는 유사성이 있는 자산의 매매사례가 있는 경우 그 가액을 말한다.

④ 감정가액은 양도일 또는 취득일 전후 각 3개월 이내에 해당 자산(주식 등을 제외한다)에 대하여 둘 이상의 감정평가업자가 평가한 것으로서 신빙성이 있는 것으로 인정되는 감정가액(감정평가기준일이 양도일 또는 취득일 전후 각 3개월 이내인 것에 한정한다)이 있는 경우에는 그 감정가액의 평균액으로 한다. 다만, 기준시가가 10억원 이하인 자산(주식 등은 제외한다)의 경우에는 양도일 또는 취득일 전후 각 3개월 이내에 하나의 감정평가업자가 평가한 것으로서 신빙성이 있는 것으로 인정되는 경우 그 감정가액(감정평가기준일이 양도일 또는 취득일 전후 각 3개월 이내인 것에 한정한다)으로 한다.

⑤ 취득가액을 매매사례가액으로 계산하는 경우 취득당시 기준시가에 3/100을 곱한 금액이 필요경비에 포함된다.

22 추계결정에 의한 양도·취득가액과 기타의 필요경비에 대한 설명이다. 틀린 것은?

① 특수관계인 간의 거래가 아닌 경우로서 취득가액인 실지거래가액을 인정 또는 확인할 수 없어 그 가액을 추계결정 또는 경정하는 경우에는 매매사례가액, 감정가액, 환산취득가액, 기준시가의 순서에 따라 적용한 가액에 의한다.

② 실지거래가액을 확인할 수 없어 매매사례가액, 감정가액 및 환산가액에 의하여 양도차익을 계산하는 경우 필요경비는 취득당시의 기준시가에 매입부대비용 등을 감안하여 자산별로 정한 일정한 율에 의하여 계산한 금액(개산공제액)을 필요경비로 공제한다.

③ 매매사례가액과 감정가액을 적용함에 있어 특수관계인과의 거래에 따른 가액 등으로서 객관적으로 부당하다고 인정되는 경우에는 해당 가액을 적용하지 아니한다.

④ 취득가액을 실지거래가액이 아닌 환산가액으로 하는 경우 사업소득금액 계산시 필요경비로 산입한 감가상각비는 취득가액에서 공제하지 않는다.

⑤ 취득가액을 환산가액으로 하는 경우로서 환산가액과 개산공제액의 합계액이 자본적지출액과 양도비용의 합계액보다 적은 경우에는 자본적지출액과 양도비용의 합계액을 필요경비로 할 수 있다.

23 다음 자료에서 미등기된 토지(900㎡)의 양도차익은 얼마인가? (양도소득세 부담을 최소화하기로 함)

○ ㉠ 취득당시 실지거래가액 : 확인할 수 없음
○ ㉡ 양도당시 실지거래가액 : 1,000,000,000원
○ ㉢ 취득당시 매매사례가액 및 감정가액은 없다.
○ ㉣ 취득당시 개별공시지가 : 200,000,000원
○ ㉤ 양도당시 개별공시지가 : 500,000,000원
○ ㉥ 택지조성비(자본적지출액) 지출액 : 80,000,000원(영수증 구비)
○ ㉦ 양도시 중개보수 지출액 : 20,000,000원(영수증 구비)

---

① 299,400,000원

② 594,000,000원

③ 500,000,000원

④ 494,000,000원

⑤ 599,400,000원

24 「소득세법」상 등기된 토지의 양도차익계산에 관한 설명으로 틀린 것은? (단, 특수관계자와의 거래가 아님)

① 양도와 취득시의 실지거래가액을 확인할 수 있는 경우에는 양도가액과 취득가액을 실지거래가액으로 산정한다.

② 취득당시 실지거래가액을 확인할 수 없는 경우에는 매매사례가액, 환산가액, 감정가액, 기준시가를 순차로 적용하여 산정한 가액을 취득가액으로 한다.

③ 취득가액을 실지거래가액으로 계산하는 경우 자본적 지출액은 필요경비에 포함되고, 취득가액을 매매사례가액으로 계산하는 경우 취득당시 개별공시지가에 3/100을 곱한 금액이 필요경비에 포함된다.

④ 양도가액을 기준시가에 따를 때에는 취득가액도 기준시가에 따른다.

⑤ 환산가액은 양도가액을 추계할 경우에는 적용되지 않지만 취득가액을 추계할 경우에는 적용된다.

25 「소득세법」상 장기보유특별공제에 관한 설명으로 틀린 것은?

① 장기보유특별공제액은 건물의 양도가액에 보유기간별 공제율을 곱하여 계산한다.

② 보유기간이 3년 이상인 등기된 상가건물은 장기보유특별공제가 적용된다.

③ 100분의 70의 세율이 적용되는 미등기 건물에 대해서는 장기보유특별공제를 적용하지 아니한다.

④ 1세대 1주택 요건을 충족한 고가주택(보유기간 3년 6개월)이 과세되는 경우 장기보유특별공제가 적용된다.

⑤ 보유기간이 17년인 등기된 상가건물의 보유기간별 공제율은 100분의 30이다.

26 다음의 자산 중 「소득세법」상 장기보유특별공제가 적용되는 것은?

① 3년 보유한 등기된 부동산임차권

② 2년 보유한 상가

③ 4년 보유한 미등기된 토지

④ 4년 6개월 보유한 1세대 3주택에 해당하는 등기된 주택(양도가액 10억원, 조정대상지역이 아님)

⑤ 5년 보유한 골프 회원권

27 양도소득세 과세표준 계산시 공제되는 양도소득기본공제에 대한 설명으로 틀린 것은?

① 양도소득이 있는 거주자에 대해서는 소득별로 해당 과세기간의 양도소득금액에서 각각 연 250만원을 공제한다.

② 소득별이란 토지·건물·부동산에 관한 권리·기타자산의 소득과 주식 또는 출자 지분의 소득, 파생상품 등, 신탁 수익권으로 구분한다.

③ 법령이 정한 미등기양도자산과 법령에 따른 비사업용토지는 양도소득기본공제를 적용하지 않는다.

④ 양도소득금액에 「소득세법」 또는 「조세특례제한법」이나 그 밖의 법률에 따른 감면소득금액이 있는 경우에는 그 감면소득금액 외의 양도소득금액에서 먼저 공제하고, 감면소득금액 외의 양도소득금액 중에서는 해당 과세기간에 먼저 양도한 자산의 양도소득금액에서부터 순서대로 공제한다.

⑤ 2 이상의 양도자산 중 어느 자산을 먼저 양도하였는지의 여부가 불분명한 경우에는 납세자에게 유리한 양도소득금액에서부터 공제한다.

28 양도소득세는 1과세기간에 여러 차례 양도가 있는 경우 각각의 양도에서 발생한 소득금액 또는 결손금을 통산하여 과세한다. 다음은 통산할 수 있는 자산을 열거하였다. 다른 하나는?

① 토지

② 부동산을 취득할 수 있는 권리

③ 비상장주식

④ 사업에 사용하는 토지·건물 및 부동산에 관한 권리와 함께 양도하는 영업권

⑤ 특정시설물이용권

29 다음은 양도소득세의 세율에 관한 내용이다. 틀린 것은?

① 등기되고 2년 이상 보유한 토지와 건물 및 부동산에 관한 권리를 양도한 경우에는 초과누진세율이 적용된다.

② 세율 적용시 보유기간은 해당 자산의 취득일부터 양도일까지로 한다. 다만, 이월과세에 해당하는 자산은 증여자가 그 자산을 취득한 날을 그 자산의 취득일로 본다.

③ 2년 이상 보유한 비사업용 토지를 양도함으로써 발생하는 소득에 대해서는 기본세율에 100분의 10을 더한 세율을 적용한다.

④ 기타자산에 대한 세율은 보유기간이 2년 이상이면 6% ~ 45%의 8단계 초과누진세율을 적용하고, 1년 미만이면 50%의 비례세율을 적용한다.

⑤ 조정대상지역 밖 주택의 입주자로 선정된 지위를 양도한 경우 보유기간이 1년 미만인 경우에는 70%를, 2년 이상 보유한 경우에는 60%의 비례세율을 적용한다.

30 「소득세법」상 국내 부동산에 대한 양도소득과세표준의 세율에 관한 내용으로 옳은 것은?

① 1년 6개월 보유한 미등기된 상가 건물 : 60%

② 1년 6개월 보유한 부동산과 함께 양도하는 영업권 : 40%

③ 6개월 보유한 등기된 1세대 1주택 : 40%

④ 6개월 보유하고 미등기 전매한 분양권(조정대상지역이 아님) : 70%

⑤ 3년 보유한 등기된 1세대 2주택(조정대상지역이 아님) : 50%

31 「소득세법」상 미등기양도자산에 관한 설명으로 틀린 것은?

① 양도소득세 비과세요건을 충족한 1세대 1주택으로서 「건축법」에 따른 건축허가를 받지 아니하여 등기가 불가능한 자산은 미등기양도자산에 해당하지 않는다.

② 장기보유특별공제 적용을 배제한다.

③ 미등기양도자산은 양도소득세 산출세액에 100분의 70을 곱한 금액을 양도소득 결정세액에 더한다.

④ 「도시개발법」에 따른 도시개발사업이 종료되지 아니하여 토지 취득등기를 하지 아니하고 양도하는 토지는 미등기양도자산에 해당하지 않는다.

⑤ 취득가액을 실지거래가액에 의하지 않는 경우 주택 취득당시 법령이 정하는 가격에 일정비율을 곱한 금액을 필요경비로 공제한다.

32 甲이 등기된 국내소재 공장(건물)을 양도한 경우, 양도소득 과세표준 예정신고에 관한 설명으로 틀린 것은 몇 개인가? (단, 甲은 소득세법상 부동산매매업을 영위하지 않는 거주자이며 국세기본법상 기한연장 사유는 없음)

> ㉠ 2024년 3월 31일에 양도한 경우, 예정신고기한은 2024년 5월 31일이다.
> ㉡ 예정신고 기간은 양도일이 속한 연도의 다음 연도 5월 1일부터 5월 31일까지이다.
> ㉢ 양도차손이 발생한 경우 예정신고하지 아니한다.
> ㉣ 예정신고시 예정신고납부세액공제(산출세액의 10%)가 적용된다.
> ㉤ 예정신고를 하지 않은 경우 확정신고를 하면, 예정신고에 대한 가산세는 부과되지 아니한다.
> ㉥ 예정신고납부를 할 때 양도차익에서 장기보유특별공제와 양도소득기본공제를 한 금액에 해당 양도소득세 세율을 적용하여 계산한 금액을 그 산출세액으로 한다.

① 1개 ② 2개 ③ 3개
④ 4개 ⑤ 5개

33 「소득세법」상 거주자의 양도소득 과세표준 및 세액의 신고·납부에 관한 설명으로 옳은 것은?

① 양도차익이 없거나 양도차손이 발생한 경우에도 양도소득 과세표준의 예정신고를 하여야 한다.

② 건물을 신축하고 그 취득일부터 3년 이내에 양도하는 경우로서 감정가액을 취득가액으로 하는 경우에는 그 감정가액의 100분의 3에 해당하는 금액을 양도소득 결정세액에 가산한다.

③ 토지 또는 건물을 양도한 경우에는 그 양도일부터 2개월 이내에 양도소득 과세표준을 신고해야 한다.

④ 예정신고납부할 세액이 2천만원을 초과하는 때에는 1천만원을 초과하는 금액을 납부기한이 지난 후 2개월 이내에 분할납부할 수 있다.

⑤ 당해연도에 누진세율의 적용대상 자산에 대한 예정신고를 2회 이상 한 자가 법령에 따라 이미 신고한 양도소득금액과 합산하여 신고하지 아니한 경우에는 양도소득 과세표준의 확정신고를 할 필요가 없다.

34 다음은 양도소득세의 신고 및 납부에 관련된 설명이다. 틀린 것은?

① 예정신고납부를 할 때 양도차익에서 장기보유특별공제와 양도소득기본공제를 한 금액에 해당 양도소득세 세율을 적용하여 계산한 금액을 그 산출세액으로 한다.

② 복식부기의무자가 아닌 거주자가 매매계약서의 조작을 통하여 양도소득세 과세표준을 과소신고한 경우에는 과세표준 중 부당한 방법으로 과소신고한 과세표준에 상당하는 금액이 과세표준에서 차지하는 비율을 산출세액에 곱하여 계산한 금액의 100분의 40에 상당하는 금액을 납부할 세액에 가산한다.

③ 납세지 관할세무서장은 양도소득이 있는 국내거주자가 조세를 포탈할 우려가 있다고 인정되는 상당한 이유가 있는 경우에는 수시로 그 거주자의 양도소득세를 부과할 수 있다.

④ 甲이 등기된 국내소재 공장(건물)을 2024년 7월 15일에 양도한 경우, 예정신고기한은 2024년 9월 15일이다.

⑤ 거주자가 양도소득세 확정신고에 따라 납부할 세액이 1천800만원인 경우 최대 800만원까지 분할납부할 수 있다.

35 「소득세법」상 거주자가 국외자산을 양도한 경우에 관한 설명으로 틀린 것은? (단, 해당 과세기간에 다른 자산의 양도는 없음)

① 국외자산 양도로 발생하는 소득이 환율변동으로 인하여 외화차입금으로부터 발생하는 환차익을 포함하고 있는 경우에는 해당 환차익을 양도소득의 범위에서 제외한다.

② 소득세법상 국외자산의 양도에 대한 양도소득세 과세에 있어서 국내자산의 양도에 대한 양도소득세 규정 중 양도소득의 부당행위계산은 준용하지 않는다.

③ 국외에 있는 부동산에 관한 권리로서 미등기 양도자산의 양도로 발생하는 소득은 양도소득의 범위에 포함된다.

④ 국외자산에 대한 양도차익 계산시 필요경비개산공제는 적용하지 아니한다.

⑤ 국외자산의 양도소득에 대하여 해당 외국에서 과세를 하는 경우로서 법령이 정한 그 국외자산 양도소득세액을 납부하였거나 납부할 것이 있을 때에는 외국납부세액의 세액공제방법과 필요경비 산입방법 중 하나를 선택하여 적용할 수 있다.

36 「소득세법」상 농지교환으로 인한 양도소득세와 관련하여 (   )에 들어갈 내용으로 옳은 것은?

> - 농지란 논밭이나 과수원으로서 지적공부의 지목과 관계없이 실제로 경작에 사용되는 토지를 말하며, 농지의 경영에 직접 필요한 농막, 퇴비사, 양수장, 지소(池沼), 농도(農道) 및 수로(水路) 등에 사용되는 토지를 (㉠).
> - 「국토의 계획 및 이용에 관한 법률」에 따른 주거지역·상업지역·공업지역 외에 있는 농지(환지예정지 아님)를 경작상 필요에 의하여 교환함으로써 발생한 소득은 쌍방 토지가액의 차액이 가액이 큰 편의 (㉡) 이하이고, 새로이 취득한 농지를 (㉢) 이상 농지소재지에 거주하면서 경작하는 경우 비과세한다.
> - 「국토의 계획 및 이용에 관한 법률」에 따른 개발제한구역에 있는 농지는 (㉣)에 해당하지 아니한다(단, 소유기간 중 개발제한구역 지정·변경은 없음).

	㉠	㉡	㉢	㉣
①	포함한다	4분의 1	3년	비사업용 토지
②	포함한다	4분의 1	5년	비사업용 토지
③	포함하지 아니한다	4분의 1	3년	사업용 토지
④	포함하지 아니한다	4분의 1	3년	비사업용 토지
⑤	포함한다	3분의 1	1년	비사업용 토지

37 다음과 같은 건물(수도권 내의 녹지지역에 소재)을 취득한 후 비과세요건을 갖춘 자가 당해 건물을 10억원에 양도하였을 경우 양도소득세의 비과세 범위로 옳은 것은?

> ㉠ 대지면적: 1,200m²
> ㉡ 건물연면적: 200m²
> ㉢ 주거용으로 사용되는 건물면적: 150m²
> ㉣ 상업용으로 사용되는 건물면적: 50m²

① 대지 1,000m², 건물 150m²

② 대지 200m², 건물 200m²

③ 대지 1,000m², 건물 200m²

④ 대지 200m², 건물 150m²

⑤ 모두 비과세된다.

38 을(乙)은 7억원에 취득한 주택을 2년 이상 보유·거주하다가 15억원에 양도하였다. 이 경우 과세되는 양도차익은 얼마인가? [단, 을(乙)은 다른 주택이 없고, 취득가액을 포함한 총 필요경비는 10억원으로 가정한다]

① 2천만원   ② 4천만원   ③ 1억원
④ 1억6천만원   ⑤ 2억원

39 「소득세법」상 거주자의 양도소득세 비과세에 관한 설명으로 옳은 것은 몇 개인가?

> ⊙ 「국토의 계획 및 이용에 관한 법률」에 따른 주거지역·상업지역·공업지역 외에 있는 농지(환지예정지 아님)를 경작상 필요에 의하여 교환함으로써 발생한 소득은 쌍방 토지가액의 차액이 가액이 큰 편의 4분의 1 이하이고 새로이 취득한 농지를 3년 이상 농지소재지에 거주하면서 경작하는 경우 비과세한다.
>
> ⊙ 토지와 건물을 각각 다른 세대가 소유하고 있는 경우에는 해당 토지는 1세대 1주택에 부수되는 토지로 보지 아니하는 것이다. 따라서 주택과 그 부수토지의 소유자가 각각 다른 세대원인 경우 해당 부수토지의 양도소득에 대하여는 비과세되지 아니한다. 해당 주택만이 비과세되는 것이다.
>
> ⊙ 1주택을 보유하는 자가 1주택을 보유하는 자와 혼인함으로써 1세대가 2주택을 보유하게 되는 경우 혼인한 날부터 5년 이내에 먼저 양도하는 주택은 이를 1세대 1주택으로 보아 「소득세법 시행령」 제154조 제1항을 적용한다.
>
> ⊙ 1세대 1주택에 대한 비과세 규정을 적용함에 있어 하나의 건물이 주택과 주택 외의 부분으로 복합되어 있는 경우 주택의 연면적이 주택 외의 연면적보다 클 때에는 그 전부를 주택으로 본다.
>
> ⊙ 1세대 1주택 비과세 요건을 충족하는 고가주택의 양도가액이 16억원이고 양도차익이 4억원인 경우 양도소득세가 과세되는 양도차익은 1억원이다.

① 1개   ② 2개   ③ 3개
④ 4개   ⑤ 5개

40 거주자 甲은 배우자인 거주자 乙이 2014.3.1.에 300,000,000원에 취득한 토지를 2020.4.1.에 乙로부터 증여(증여 당시 시가 700,000,000원) 받아 소유권이전등기를 마쳤다. 이후 甲은 2024.6.1.에 토지를 甲 또는 乙과 특수관계없는 거주자 丙에게 1,000,000,000원에 양도하였다. 甲 또는 乙의 양도소득 납세의무에 관한 설명으로 옳은 것은? (단, 양도소득은 실질적으로 甲에게 귀속되지 아니하고, 토지는 법령상 협의매수 또는 수용된 적이 없으며, 양도 당시 甲과 乙은 혼인관계를 유지하고 있음)

① 토지의 양도차익 계산시 양도가액에서 공제할 취득가액은 700,000,000원이다.

② 토지의 양도차익 계산시 취득시기는 2014.3.1.이다.

③ 토지의 양도차익 계산시 甲의 증여세 산출세액은 양도가액에서 공제할 수 없다.

④ 甲과 乙은 연대하여 토지의 양도소득세 납세의무를 진다.

⑤ 토지의 양도소득세 납세의무자는 乙이다.

41 다음은 양도소득의 필요경비 계산 특례(배우자·직계존비속 간 증여재산에 대한 이월과세)에 대한 설명이다. 틀린 것은? (단, 2023년 1월 1일 이후 증여받은 것으로 가정함)

① 거주자가 양도일부터 소급하여 10년 이내에 그 배우자(양도 당시 혼인관계가 소멸된 경우를 포함하되, 사망으로 혼인관계가 소멸된 경우는 제외한다) 또는 직계존비속으로부터 증여받은 부동산, 부동산을 취득할 수 있는 권리 및 기타자산 중 시설물이용권의 양도차익을 계산할 때 취득가액은 그 배우자 또는 직계존비속의 취득 당시의 금액으로 한다.

② 이월과세 적용시 증여받은 수증자가 부담한 증여세 상당액은 해당 자산에 대한 양도차익을 한도로 필요경비에 산입된다.

③ 증여받은 배우자 등이 수증일부터 10년 이내에 타인에게 양도함으로써 이월과세를 적용하는 경우 10년의 계산은 등기부에 기재된 소유기간에 따른다.

④ 이월과세 적용시 증여자와 수증자 간에 증여세와 양도소득세에 대한 연대납세의무는 없다.

⑤ 직계존비속으로부터 증여받은 자산의 양도차익을 계산할 때 해당 자산을 증여한 직계존비속이 사망한 경우에도 이월과세 규정이 적용된다.

42 甲이 2017.03.05 특수관계인인 乙로부터 토지를 3억2천만원(시가 3억원)에 취득하여 2024.10.28 甲의 특수관계인인 丙에게 그 토지를 4억8천만원(시가 5억원)에 양도한 경우 甲의 양도차익은 얼마인가? (다만, 토지는 등기된 국내 소재의 소득세법상 비사업용 토지이고, 취득가액 외의 필요경비는 없으며, 甲·乙·丙은 거주자이고, 배우자 및 직계존비속 관계가 없음)

① 1억원

② 1억5천만원

③ 1억6천만원

④ 1억8천만원

⑤ 2억원

43 소득세법령상 거주자 甲이 배우자 및 직계존비속이 아닌 특수관계인에게 2024년 3월 1일에 자산을 증여한 후 그 자산을 증여받은 자가 그 증여일부터 10년 이내에 다시 타인에게 양도한 경우에 관한 설명으로 옳은 것은?

① 甲이 그 자산을 직접 양도한 것으로 보되, 특수관계인이 증여세를 납부한다는 점을 고려하여 양도차익 계산시 취득가액은 증여시의 가액으로 한다.

② 甲이 자산을 직접 양도한 것으로 보는 경우 그 양도소득에 대해서는 甲과 증여받은 자가 연대하여 납세의무를 진다.

③ 甲에게 양도소득세가 과세되는 경우에는 수증자가 당초 증여받은 자산에 대하여 납부한 증여세는 필요경비에 산입한다.

④ 양도소득이 수증자에게 실질적으로 귀속된 경우에도 甲이 그 자산을 직접 양도한 것으로 본다.

⑤ 특수관계인이 그 자산을 양도한 것으로 보되 양도차익 계산시 취득가액은 甲의 취득당시 가액으로 한다.

44 「소득세법」상 양도소득세에 관한 설명으로 옳은 것은?

① 거주자가 국내 상가건물을 양도한 경우 거주자의 주소지와 상가건물의 소재지가 다르다면 양도소득세 납세지는 거주자의 주소지이다.

② 비거주자가 국외 토지를 양도한 경우 양도소득세 납부의무가 있다.

③ 국내에 1주택만을 보유하고 있는 1세대가 해외이주로 세대전원이 출국하는 경우 출국일부터 3년이 되는 날 해당 주택을 양도하면 비과세된다.

④ 농지를 교환할 때 쌍방 토지가액의 차액이 가액이 작은 편의 4분의 1인 경우 발생하는 소득은 비과세된다.

⑤ 거주자가 국외 주택을 양도한 경우 양도일까지 계속해서 5년간 국내에 주소를 두었다면 양도소득금액 계산시 장기보유특별공제가 적용된다.

45 「소득세법」상 거주자의 양도소득세와 「지방세법」상 거주자의 국내자산 양도소득에 대한 지방소득세에 관한 설명으로 틀린 것은?

① 「소득세법」상 농지란 논밭이나 과수원으로서 지적공부의 지목과 관계없이 실제로 경작에 사용되는 토지를 말하며, 농지의 경영에 직접 필요한 농막, 퇴비사, 양수장, 지소(池沼), 농도(農道) 및 수로(水路) 등에 사용되는 토지를 포함한다.

② 「건축법 시행령」 [별표]에 의한 다가구주택을 구획된 부분별로 양도하지 아니하고 하나의 매매단위로 양도하여 단독주택으로 보는 다가구주택의 경우에는 그 전체를 하나의 주택으로 보아 법령에 따른 고가주택 여부를 판단한다.

③ 상업용 건물에 대한 새로운 기준시가가 고시되기 전에 취득 또는 양도하는 경우에는 직전의 기준시가에 의한다.

④ 양도소득에 대한 개인지방소득세 과세표준은 「소득세법」상 양도소득과세표준으로 하는 것이 원칙이다.

⑤ 「소득세법」상 보유기간이 8개월인 조합원입주권의 양도소득에 대한 개인지방소득세 세율은 양도소득에 대한 개인지방소득세 과세표준의 1백분의 70을 적용한다.

46 「소득세법」상 거주자의 양도소득세에 관한 설명으로 틀린 것은? (단, 국내소재 부동산의 양도임)

① A법인과 특수관계에 있는 주주가 시가 3억원(「법인세법」 제52조에 따른 시가임)의 토지를 A법인에게 5억원에 양도한 경우 양도가액은 3억원으로 본다. 단, A법인은 이 거래에 대하여 세법에 따른 처리를 적절하게 하였다.

② 1세대 1주택 비과세 요건을 충족하는 고가주택의 양도가액이 15억원이고 양도차익이 5억원인 경우 양도소득세가 과세되는 양도차익은 1억원이다.

③ 거주자 甲이 국내소재 1세대 1주택을 4년 6개월 보유·거주한 후 15억원에 양도한 경우 양도차익은 87,900,000원이다(취득가액은 확인 불가능하고 양도당시 기준시가는 5억원, 취득당시 기준시가는 3억 5천만원이며 주어진 자료 외는 고려하지 않는다).

④ 거주자 甲이 2018년 1월 20일에 취득한 건물을 甲의 배우자 乙에게 2022년 3월 5일자로 증여한 후, 乙이 2024년 5월 20일에 甲·乙의 특수관계인이 아닌 丙에게 양도한 경우 乙이 납부한 증여세는 양도소득세 납부세액 계산시 세액공제된다.

⑤ 「국토의 계획 및 이용에 관한 법률」에 따른 주거지역·상업지역·공업지역 외에 있는 농지(환지예정지 아님)를 경작상 필요에 의하여 교환함으로써 발생한 소득은 쌍방 토지가액의 차액이 가액이 큰 편의 4분의 1 이하이고 새로이 취득한 농지를 3년 이상 농지소재지에 거주하면서 경작하는 경우 비과세한다.

47 「소득세법」상 거주자의 양도소득 과세표준 계산에 관한 설명으로 틀린 것은?

⊙ 이미 납부한 확정신고세액이 관할세무서장이 결정한 양도소득 총결정세액을 초과할 때에는 해당 결정일부터 90일 이내에 환급해야 한다.

⊙ 양도일부터 소급하여 10년 이내에 그 배우자로부터 증여받은 토지의 양도차익을 계산할 때 그 증여받은 토지에 대하여 납부한 증여세는 양도가액에서 공제할 필요경비에 산입하지 아니한다.

⊙ 양도소득에 대한 과세표준은 종합소득 및 퇴직소득에 대한 과세표준과 구분하여 계산한다.

⊙ 「소득세법」 제104조 제3항에 따른 미등기 양도자산에 대하여는 장기보유특별공제를 적용하지 아니한다.

⊙ 1세대 1주택에 대한 비과세 규정을 적용함에 있어 하나의 건물이 주택과 주택 외의 부분으로 복합되어 있는 경우 주택의 연면적이 주택 외의 연면적보다 클 때에는 그 전부를 주택으로 본다.

① ⊙, ⊙   ② ⊙, ⊙   ③ ⊙, ⊙

④ ⊙, ⊙   ⑤ ⊙, ⊙

48 「소득세법」상 거주자의 양도소득세에 관한 설명으로 옳은 것은 몇 개인가?

> ㉠ 특수관계인에게 증여한 자산에 대해 증여자인 거주자에게 양도소득세가 과세되는 경우 수증자가 부담한 증여세 상당액은 양도가액에서 공제할 필요경비에 산입한다.
>
> ㉡ 2018년 4월 1일 이후 지출한 자본적지출액은 그 지출에 관한 증명서류를 수취·보관하지 않고 실제 지출사실이 금융거래 증명서류에 의하여 확인되지 않는 경우에도 양도차익 계산시 양도가액에서 공제할 수 있다.
>
> ㉢ 과세기간별로 이미 납부한 확정신고세액이 관할세무서장이 결정한 양도소득 총결정세액을 초과한 경우 다른 국세에 충당할 수 없다.
>
> ㉣ A법인과 특수관계에 있는 주주가 시가 3억원(「법인세법」제52조에 따른 시가임)의 토지를 A법인에게 5억원에 양도한 경우 양도가액은 3억원으로 본다. 단, A법인은 이 거래에 대하여 세법에 따른 처리를 적절하게 하였다.
>
> ㉤ 증여자인 매형의 채무를 수증자가 인수하는 부담부증여인 경우에는 증여가액 중 그 채무액에 상당하는 부분은 그 자산이 유상으로 사실상 이전되는 것으로 본다.

① 1개   ② 2개   ③ 3개
④ 4개   ⑤ 5개

49 「소득세법」상 거주자의 양도소득세에 관한 설명으로 틀린 것은 몇 개인가?

> ㉠ 양도소득세 납세의무의 확정은 납세의무자의 신고에 의하지 않고 관할세무서장의 결정에 의한다.
>
> ㉡ 특수관계인 간의 거래가 아닌 경우로서 취득가액인 실지거래가액을 인정 또는 확인할 수 없어 그 가액을 추계결정 또는 경정하는 경우에는 매매사례가액, 감정가액, 기준시가의 순서에 따라 적용한 가액에 의한다.
>
> ㉢ 거주자가 국외 토지를 양도한 경우 양도일까지 계속해서 10년간 국내에 주소를 두었다면 양도소득과세표준을 예정신고하여야 한다.
>
> ㉣ 2024년에 양도한 토지에서 발생한 양도차손은 10년 이내에 양도하는 토지의 양도소득금액에서 이월하여 공제받을 수 있다.
>
> ㉤ 부동산을 취득할 수 있는 권리의 양도시 기준시가는 양도일까지 불입한 금액과 양도일 현재의 프리미엄에 상당하는 금액을 합한 금액으로 한다.

① 1개   ② 2개   ③ 3개
④ 4개   ⑤ 5개

50 소득세법령상 1세대 1주택자인 거주자 甲이 2024년 양도한 국내소재 A주택(조정대상지역이 아니며 등기됨)에 대한 양도소득과세표준은? (단, 2024년에 A주택 외 양도한 자산은 없으며, 법령에 따른 적격증명서류를 수취·보관하고 있고 주어진 조건 이외에는 고려하지 않음)

구 분	기준시가	실지거래가액
양도시	20억원	25억원
취득시	10억원	확인 불가능
추가사항	• 양도비 및 자본적지출액 : 1억원 • 보유기간 및 거주기간 : 각각 5년	

① 1,220,000,000원

② 634,400,000원

③ 253,760,000원

④ 2,500,000원

⑤ 378,140,000원

51 「지방세법」상 취득세가 과세될 수 있는 경우가 아닌 것은?

① 법인이 부동산을 현물출자 받아 취득하는 경우

② 상속에 의하여 임야를 취득한 경우

③ 국가, 지방자치단체 또는 지방자치단체조합에 귀속 또는 기부채납을 조건으로 취득하는 부동산

④ 보유토지의 지목이 전(田)에서 대지(垈地)로 변경되어 가액이 증가한 경우

⑤ 건축물의 이전으로 인한 취득으로서 이전한 건축물의 가액이 종전 건축물의 가액을 초과하지 않는 경우

52 「지방세법」상 취득세가 과세되는 경우를 설명한 것 중 틀린 것은 몇 개인가?

> ㉠ 부동산의 취득은 「민법」 등 관계 법령에 따른 등기를 하지 아니한 경우라도 사실상 취득하면 취득한 것으로 본다.
>
> ㉡ 건물을 신축한 경우 과세표준은 사실상 취득가격이며 표준세율은 1천분의 28을 적용한다.
>
> ㉢ 건물을 개수한 경우 과세표준은 사실상 취득가격이며 세율은 중과기준세율을 적용한다(개수로 인하여 건축물 면적이 증가하지 아니함).
>
> ㉣ 토지의 지목을 사실상 변경함으로써 그 가액이 증가한 경우에 취득으로 보지 아니한다.
>
> ㉤ 법인설립시에 발행하는 주식 또는 지분을 취득함으로써 과점주주가 된 경우에는 취득으로 보지 아니한다.

① 1개   ② 2개   ③ 3개
④ 4개   ⑤ 5개

53 취득세가 과세되는 경우를 설명한 것 중 틀린 것은?
① 부동산을 증여에 의하여 취득하는 경우
② 부동산을 매매에 의하여 취득하는 경우
③ 무허가건물을 신축하는 경우
④ 매매에 의하여 골프 회원권을 취득한 경우
⑤ 존속기간 1년 이내인 공사현장사무소의 건축물을 취득한 경우

54 「지방세법」상 과점주주의 간주취득세에 대한 설명 중 틀린 것은? (단, 주식발행법인은 「자본시장과 금융투자업에 관한 법률 시행령」 제176조의9 제1항에 따른 유가증권시장에 상장한 법인이 아니며, 「지방세특례제한법」은 고려하지 않음)

① 과점주주 집단 내부에서 주식이 이전되었으나 과점주주 집단이 소유한 총주식의 비율에 변동이 없는 경우 과점주주 간주취득세의 납세의무는 없다.

② 개인인 "甲"이 비상장법인 설립시 70% 지분을 취득한 경우에는 취득세 납세의무가 없다.

③ 과점주주가 아닌 주주가 다른 주주로부터 주식을 취득함으로써 최초로 과점주주가 된 경우 취득세 납세의무가 있다.

④ 이미 과점주주가 된 주주가 해당 법인의 주식을 취득하여 해당 법인의 주식의 총액에 대한 과점주주가 가진 주식의 비율이 증가된 경우 과점주주 간주취득세의 납세의무는 있다.

⑤ 다른 주주의 주식이 감자됨으로써 비상장법인의 대주주인 "丙"의 지분비율이 60%에서 70%로 증가한 경우에는 취득세 납세의무가 있다.

55 甲은 판매업을 영위하는 비상장법인인 ㈜박문각의 주식을 소유하고 있다. 甲의 지분율의 변동내역과 법인의 자산내역이 다음과 같은 경우 甲의 2024년 7월 19일 주식 취득시 취득세 과세표준을 계산하면?

구 분	2020년 3월 25일	2024년 7월 19일
지분율 변동사유	설립시 취득	주식매입
주식 지분율	40%	60%

〈㈜박문각의 자산내역〉

㉠ 토지 : 10억원
㉡ 건물 : 5억원
㉢ 차량 : 2억원
㉣ 골프 회원권 : 3억원

① 0원   ② 4억원   ③ 8억원
④ 12억원   ⑤ 20억원

56 다음 중 취득세 과세대상이 되는 경우는?

① 유가증권시장에 상장된 주식을 취득한 경우

② 차량을 원시취득한 경우

③ 법인 설립시에 발행하는 주식 또는 지분을 취득함으로써 과점주주가 된 경우

④ 법인이 부동산을 현물출자 받아 취득하는 경우

⑤ 출판권을 상속받은 경우

57 「지방세법」상 취득세의 납세의무에 관한 설명으로 틀린 것은?

① 부동산의 취득은 「민법」 등 관계 법령에 따른 등기를 하지 아니한 경우라도 사실상 취득하면 취득한 것으로 본다.

② 건축물 중 조작설비로서 그 주체구조부와 하나가 되어 건축물로서의 효용가치를 이루고 있는 것에 대하여는 주체구조부 취득자 외의 자가 가설한 경우에도 주체구조부의 취득자가 함께 취득한 것으로 본다.

③ 직계비속이 권리의 이전에 등기가 필요한 직계존속의 부동산을 서로 교환한 경우 무상으로 취득한 것으로 본다.

④ 「주택법」에 따른 주택조합이 해당 조합원용으로 취득하는 조합주택용 부동산(조합원에게 귀속되지 아니하는 부동산은 제외)은 그 조합원이 취득한 것으로 본다.

⑤ 법인설립시에 발행하는 주식 또는 지분을 취득함으로써 과점주주가 된 경우에는 취득으로 보지 아니한다.

58 「지방세법」상 취득의 시기 등에 관한 설명으로 틀린 것은?

① 부동산의 증여계약으로 인한 취득에 있어서 소유권이전등기를 하지 않고 계약일부터 계약일이 속하는 달의 말일부터 3개월 이내에 공증받은 공정증서로 계약이 해제된 사실이 입증되는 경우에는 취득한 것으로 보지 않는다.

② 유상승계취득의 경우 사실상의 잔금지급일을 확인할 수 없는 경우에는 그 계약상의 잔금지급일(계약상 잔금지급일이 명시되지 않은 경우에는 계약일부터 60일이 경과한 날을 말한다)에 취득한 것으로 본다.

③ 「도시 및 주거환경정비법」 제35조 제3항에 따른 재건축조합이 재건축사업을 하면서 조합원으로부터 취득하는 토지 중 조합원에게 귀속되지 아니하는 토지를 취득하는 경우에는 「도시 및 주거환경정비법」 제86조 제2항에 따른 소유권이전 고시일에 그 토지를 취득한 것으로 본다.

④ 「민법」 제839조의2 및 제843조에 따른 재산분할로 인한 취득의 경우에는 취득물건의 등기일 또는 등록일을 취득일로 본다.

⑤ 토지의 지목변경에 따른 취득은 토지의 지목이 사실상 변경된 날과 공부상 변경된 날 중 빠른 날을 취득일로 본다. 다만, 토지의 지목변경일 이전에 사용하는 부분에 대해서는 그 사실상의 사용일을 취득일로 본다.

59 「지방세법」상 취득세의 과세표준에 관한 설명으로 틀린 것은?

① 취득세의 과세표준은 취득 당시의 가액으로 한다.

② 부동산 등을 무상취득하는 경우(상속에 따른 무상취득의 경우는 제외) 시가인정액을 취득당시가액으로 한다.

③ 부동산 등을 원시취득하는 경우 취득당시가액은 사실상 취득가격으로 한다.

④ 상속에 따른 무상취득의 경우 시가인정액을 취득당시가액으로 한다.

⑤ 토지의 지목을 사실상 변경한 경우 취득당시가액은 그 변경으로 증가한 가액에 해당하는 사실상취득가격으로 한다.

60 「지방세법」상 취득세의 과세표준에 관한 설명으로 틀린 것은?

① 시가표준액이 1억원 이하인 부동산 등을 무상취득(상속의 경우는 제외한다)하는 경우 시가인정액과 시가표준액 중에서 납세자가 정하는 가액으로 한다.

② 부동산 등을 유상거래(매매 또는 교환 등 취득에 대한 대가를 지급하는 거래를 말한다)로 승계취득하는 경우 취득당시가액은 취득시기 이전에 해당 물건을 취득하기 위하여 거래 상대방이나 제3자에게 지급하였거나 지급하여야 할 일체의 비용으로서 대통령령으로 정하는 사실상의 취득가격으로 한다.

③ 법인이 아닌 자가 건축물을 건축하여 취득하는 경우로서 사실상취득가격을 확인할 수 없는 경우의 취득당시가액은 시가표준액으로 한다.

④ 토지에 대한 시가표준액은 「부동산 가격공시에 관한 법률」에 따라 공시된 가액으로 한다.

⑤ 공동주택가격이 공시되지 아니한 경우에는 지역별·단지별·면적별·층별 특성 및 거래가격 등을 고려하여 행정안전부장관이 정하는 기준에 따라 국토교통부장관이 산정한 가액으로 한다.

61 「지방세법 시행령」 제18조 [사실상 취득가격의 범위 등]에서 사실상 취득가격에 포함하지 않는 것은?

① 법인이 아닌 자가 취득한 경우 할부 또는 연부(年賦) 계약에 따른 이자 상당액 및 연체료

② 취득에 필요한 용역을 제공받은 대가로 지급하는 용역비·수수료(건축 및 토지조성 공사로 수탁자가 취득하는 경우 위탁자가 수탁자에게 지급하는 신탁수수료를 포함한다)

③ 취득대금 외에 당사자의 약정에 따른 취득자 조건 부담액

④ 부동산을 취득하는 경우 「주택도시기금법」 제8조에 따라 매입한 국민주택채권을 해당 부동산의 취득 이전에 양도함으로써 발생하는 매각차손

⑤ 법인이 취득한 경우 「공인중개사법」에 따른 공인중개사에게 지급한 중개보수

62 「지방세법」상 부동산 취득의 표준세율로 틀린 것은?

① 상속으로 인한 농지취득 : 1천분의 23

② 법령으로 정한 비영리사업자의 상속 외의 무상취득 : 1천분의 28

③ 매매로 인한 농지 외의 토지 취득 : 1천분의 30

④ 합유물 및 총유물의 분할로 인한 취득 : 1천분의 23

⑤ 원시취득(공유수면의 매립 또는 간척으로 인한 농지취득 제외) : 1천분의 28

63 「지방세법」상 취득세의 표준세율이 가장 낮은 것은? (단, 「지방세특례제한법」은 고려하지 않음)

① 합유물 및 총유물의 분할로 인한 취득

② 「정당법」에 따라 설립된 정당이 독지가의 기부에 의하여 건물을 취득한 경우

③ 농지를 상호 교환하여 소유권이전등기를 하는 경우

④ 무주택자가 유상거래를 원인으로 「지방세법」 제10조에 따른 취득 당시의 가액이 5억원인 주택(「주택법」에 의한 주택으로서 등기부에 주택으로 기재된 주거용 건축물과 그 부속토지)을 취득한 경우(개인의 조정대상지역에 있는 1세대 1주택에 해당함)

⑤ 매매로 인한 농지 외의 토지 취득

64 「지방세법」상 아래의 부동산 등을 신(증)축하는 경우 취득세가 중과(重課)되지 않는 것은? (단, 「지방세법」상 중과요건을 충족하는 것으로 가정함)

① 병원의 병실

② 골프장

③ 고급주택

④ 법인 본점의 사무소전용 주차타워

⑤ 대도시에서 법인이 사원에 대한 임대용으로 직접 사용할 목적으로 취득한 사원주거용 목적의 공동주택[1구의 건축물의 연면적(전용면적을 말한다)이 60제곱미터 이하임]

65 「지방세법」상 취득세 표준세율에서 중과기준세율을 뺀 세율로 산출한 금액을 취득세액으로 하는 경우가 아닌 것은? (단, 취득물건은 취득세 중과대상이 아님)

① 상속으로 인한 취득 중 법령으로 정하는 1가구 1주택 및 그 부속토지의 취득

② 공유물의 분할로 인한 취득(등기부등본상 본인지분을 초과하지 아니함)

③ 「민법」(이혼한 자 일방의 재산분할청구권 행사)에 따른 재산분할로 인한 취득

④ 건축물의 이전으로 인한 취득(이전한 건축물의 가액이 종전 건축물의 가액을 초과하지 아니함)

⑤ 법인 설립 후 유상 증자시에 주식을 취득하여 최초로 과점주주가 된 경우

66 「지방세법」상 취득세의 부과·징수에 관한 설명으로 옳은 것은?

① 상속으로 취득세 과세물건을 취득한 자는 상속개시일부터 6개월(외국에 주소를 둔 상속인이 있는 경우에는 각각 9개월) 이내에 그 과세표준에 세율을 적용하여 산출한 세액을 신고하고 납부하여야 한다.

② 취득세 과세물건을 취득한 자가 재산권의 취득에 관한 사항을 등기하는 경우 등기한 후 60일 내에 취득세를 신고·납부하여야 한다.

③ 취득세 과세물건을 취득한 후 중과세 세율 적용대상이 되었을 경우 60일 이내에 산출 세액에서 이미 납부한 세액(가산세 포함)을 공제하여 신고·납부하여야 한다.

④ 취득세가 경감된 과세물건이 추징대상이 된 때에는 그 사유 발생일부터 30일 이내에 그 산출세액에서 이미 납부한 세액(가산세 포함)을 공제한 세액을 신고하고 납부하여야 한다.

⑤ 취득세 납세의무자가 신고 또는 납부의무를 다하지 아니하면 산출세액 또는 그 부족세액에 「지방세기본법」의 규정에 따라 산출한 가산세를 합한 금액을 세액으로 하여 보통징수의 방법으로 징수한다.

67 「지방세법」상 취득세의 부과·징수에 관한 설명으로 틀린 것은?

① 토지의 지목변경에 따라 사실상 그 가액이 증가된 경우, 취득세의 신고·납부를 하지 않고 매각하더라도 취득세 중가산세 규정은 적용되지 아니한다.

② 취득세 납세의무가 있는 법인은 취득 당시의 가액을 증명할 수 있는 장부와 관련 증거서류를 작성하여 갖춰 두어야 한다.

③ 지방자치단체의 장은 취득세 납세의무가 있는 법인이 장부 등의 작성과 보존 의무를 이행하지 아니하는 경우에는 산출된 세액 또는 부족세액의 100분의 10에 상당하는 금액을 징수하여야 할 세액에 가산한다.

④ 취득세액이 50만원 이하일 때에는 취득세를 부과하지 아니한다.

⑤ 토지나 건축물을 취득한 자가 그 취득한 날부터 1년 이내에 그에 인접한 토지나 건축물을 취득한 경우에는 각각 그 전후의 취득에 관한 토지나 건축물의 취득을 1건의 토지 취득 또는 1구의 건축물 취득으로 보아 면세점을 적용한다.

68 「지방세법」상 취득세 비과세에 해당하는 것은 몇 개인가?

> ㉠ 서울특별시가 구청청사로 취득한 건물
> ㉡ 대한민국 정부기관의 취득에 대하여 과세하지 않는 외국정부의 취득
> ㉢ 이전한 건축물의 가액이 종전 건축물의 가액을 초과하지 아니하는 경우 그 건축물의 이전으로 인한 취득
> ㉣ 국가, 지방자치단체 또는 지방자치단체조합에 귀속 또는 기부채납을 조건으로 취득하는 부동산
> ㉤ 법령이 정하는 고급주택에 해당하는 임시건축물의 취득
> ㉥ 「건축법」에 따른 공동주택의 대수선

① 1개 ② 2개 ③ 3개
④ 4개 ⑤ 5개

69 「지방세법」상 취득세에 관한 설명으로 틀린 것은?

① 공매를 통하여 배우자의 부동산을 취득한 경우 유상취득으로 본다.

② 건축물 중 조작설비로서 그 주체구조부와 하나가 되어 건축물로서의 효용가치를 이루고 있는 것에 대하여는 주체구조부 취득자 외의 자가 가설한 경우에도 주체구조부의 취득자가 함께 취득한 것으로 본다.

③ 법인설립시 발행하는 주식을 취득함으로써 지방세기본법에 따른 과점주주가 되었을 때에는 그 과점주주가 해당 법인의 부동산 등을 취득한 것으로 본다.

④ 토지의 지목변경에 따른 취득은 지목변경일 이전에 그 사용하는 부분에 대해서는 그 사실상의 사용일을 취득일로 본다.

⑤ 상속에 따른 무상취득의 경우 취득세 과세표준은 시가표준액으로 한다.

70 「지방세법」상 취득세에 관한 설명으로 틀린 것은?

① 관계법령에 따라 매립·간척 등으로 토지를 원시취득하는 경우로서 공사준공인가일 전에 사실상 사용하는 경우에는 그 사실상 사용일을 취득일로 본다.

② 환매등기를 병행하는 부동산의 매매로서 환매기간 내에 매도자가 환매한 경우의 그 매도자와 매수자의 취득은 취득세 표준세율에서 중과기준세율을 뺀 세율로 산출한 금액을 그 세액으로 한다.

③ 무상승계취득한 취득물건을 취득일에 등기·등록한 후 화해조서·인낙조서에 의하여 취득일부터 취득일이 속하는 달의 말일부터 3개월 이내에 계약이 해제된 사실을 입증하는 경우에는 취득한 것으로 보지 아니한다.

④ 취득세 과세물건을 무상취득(상속은 제외한다)한 자는 취득일이 속하는 달의 말일부터 3개월 이내에 그 과세표준에 세율을 적용하여 산출한 세액을 신고하고 납부하여야 한다.

⑤ 지방자치단체에 기부채납을 조건으로 부동산을 취득하는 경우라도 그 반대급부로 기부채납 대상물의 무상사용권을 제공받는 때에는 그 해당 부분에 대해서는 취득세를 부과한다.

71 「지방세법」상 등록면허세의 납세의무자에 대한 설명 중 틀린 것은?

① 등록면허세의 납세의무자는 재산권과 그 밖의 권리의 설정·변경 또는 소멸에 관한 사항을 공부에 등기 또는 등록을 하는 자이다.

② 근저당권 설정등기의 경우 등록면허세의 납세의무자는 근저당권자이다.

③ 근저당권 말소등기의 경우 등록면허세의 납세의무자는 근저당권설정자 또는 말소 대상 부동산의 현재 소유자이다.

④ 甲이 은행에서 1,000만원의 융자를 받고 乙의 부동산에 저당권을 설정할 경우 등록 면허세의 납세의무자는 은행이다.

⑤ 설정된 전세권에 대한 말소등기를 하는 경우 등록면허세 납세의무자는 전세권자이다.

72 「지방세법」상 등록면허세의 과세표준에 대한 설명 중 틀린 것은 몇 개인가?

> ㉠ 부동산, 선박, 항공기, 자동차 및 건설기계의 등록에 대한 등록면허세의 과세표준은 등록 당시의 가액으로 한다.
>
> ㉡ 부동산의 등록면허세 과세표준은 조례로 정하는 바에 따라 등록자의 신고에 따른다. 다만, 신고가 없거나 신고가액이 시가표준액보다 적은 경우에는 시가표준액을 과세 표준으로 한다.
>
> ㉢ 등록 당시에 자산재평가 또는 감가상각 등의 사유로 그 가액이 달라진 경우에는 변 경된 가액을 과세표준으로 한다.
>
> ㉣ 채권금액으로 과세액을 정하는 경우에 일정한 채권금액이 없을 때에는 채권의 목적 이 된 것의 가액 또는 처분의 제한의 목적이 된 금액을 그 채권금액으로 본다.
>
> ㉤ 등록면허세 신고서상의 금액과 공부상의 금액이 다를 경우에는 공부상의 금액을 과 세표준으로 한다.

① 0개   ② 1개   ③ 2개

④ 3개   ⑤ 4개

73 「지방세법」상 부동산등기에 대한 등록면허세의 표준세율로 틀린 것은? (단, 표준세율을 적용하여 산출한 세액이 부동산등기에 대한 그 밖의 등기 또는 등록세율보다 크다고 가 정함)

① 증여로 인한 소유권이전등기: 부동산가액의 1천분의 8

② 저당권 설정 및 이전등기: 채권금액의 1천분의 2

③ 지역권 설정 및 이전등기: 요역지 가액의 1천분의 2

④ 임차권 설정 및 이전등기: 월 임대차금액의 1천분의 2

⑤ 전세권 설정등기: 전세금액의 1천분의 2

74 「지방세법」상 등록에 대한 등록면허세의 납세지와 신고 및 납부에 관한 설명 중 틀린 것은?

① 같은 등록에 관계되는 재산이 둘 이상의 지방자치단체에 걸쳐 있어 등록면허세를 지방자치단체별로 부과할 수 없을 때에는 등록관청 소재지를 납세지로 한다.

② 등록을 하려는 자는 과세표준에 세율을 적용하여 산출한 세액을 등록을 하기 전까지 납세지를 관할하는 지방자치단체의 장에게 신고하고 납부하여야 한다.

③ 신고의무를 다하지 아니하고 등록면허세 산출세액을 등록을 하기 전까지 납부하였을 때에는 무신고가산세를 부과한다.

④ 등기·등록관서의 장은 등기 또는 등록 후에 등록면허세가 납부되지 아니하였거나 납부부족액을 발견한 경우에는 다음 달 10일까지 납세지를 관할하는 시장·군수·구청장에게 통보하여야 한다.

⑤ 납세자는 등기 또는 등록하려는 때에는 등기 또는 등록 신청서에 등록면허세 영수필 통지서(등기·등록관서의 시·군·구 통보용) 1부와 등록면허세 영수필 확인서 1부를 첨부하여야 한다. 다만, 「전자정부법」 제36조 제1항에 따라 행정기관 간에 등록면허세 납부사실을 전자적으로 확인할 수 있는 경우에는 그러하지 아니하다.

75 「지방세법」상 등록에 대한 등록면허세에 관한 설명으로 틀린 것은 몇 개인가?

> ㉠ 「여신전문금융업법」 제2조 제12호에 따른 할부금융업을 영위하기 위하여 대도시에서 법인을 설립함에 따른 등기를 할 때에는 그 세율을 해당 표준세율의 100분의 300으로 한다. 단, 그 등기일부터 2년 이내에 업종변경이나 업종추가는 없다.
> ㉡ 등록 당시에 자산재평가의 사유로 그 가액이 달라진 때에는 자산재평가 전의 가액을 과세표준으로 한다.
> ㉢ 지방자치단체의 장은 등록면허세의 세율을 표준세율의 100분의 60의 범위에서 가감할 수 있다.
> ㉣ 같은 채권의 담보를 위하여 설정하는 둘 이상의 저당권을 등록하는 경우에는 이를 하나의 등록으로 보아 그 등록에 관계되는 재산을 처음 등록하는 등록관청 소재지를 납세지로 한다.
> ㉤ 지방자치단체의 장은 채권자대위자의 부동산의 등기에 대한 등록면허세 신고납부가 있는 경우 납세의무자에게 그 사실을 즉시 통보하여야 한다.

① 1개   ② 2개   ③ 3개
④ 4개   ⑤ 5개

76 「지방세법」상 재산세의 과세대상과 표준세율 적용에 관한 설명으로 틀린 것은?

① 재산세 과세대상 물건이 공부상 등재 현황과 사실상의 현황이 다른 경우에는 사실상의 현황에 따라 재산세를 부과한다.

② 주택에 대한 재산세는 납세의무자별로 해당 지방자치단체의 관할구역에 있는 주택의 과세표준을 합산하여 주택의 세율을 적용한다.

③ 주택의 부속토지의 경계가 명백하지 아니한 경우에는 그 주택의 바닥면적의 10배에 해당하는 토지를 주택의 부속토지로 한다.

④ 1동(棟)의 건물이 주거와 주거 외의 용도로 사용되고 있는 경우에는 주거용으로 사용되는 부분만을 주택으로 본다.

⑤ 주택에 대한 토지와 건물의 소유자가 다를 경우 해당 주택의 토지와 건물의 가액을 합산한 과세표준에 주택의 세율을 적용한다.

77 다음 토지 중 재산세 종합합산과세대상에 해당되는 것으로 올바른 것은?

① 특별시·광역시·시지역(읍·면지역 제외)의 도시지역 안의 개발제한구역과 녹지지역 안의 목장용지로서 기준면적 이내의 토지

② 서울특별시지역의 산업단지와 공업지역 안에 위치한 공장용 건축물의 부속토지로서 공장입지기준면적을 초과하는 부분의 토지

③ 일반영업용 건축물로서 건축물의 시가표준액이 해당 부속토지의 시가표준액의 100분의 2에 미달하는 건축물의 부속토지 중 그 건축물의 바닥면적의 부속토지

④ 특별시·광역시·시지역(읍·면지역 제외)의 도시지역 안의 개발제한구역과 녹지지역 안의 개인소유 농지

⑤ 일반영업용 건축물의 부속토지로서 건축물의 바닥면적에 용도지역별 적용배율을 곱하여 산정한 면적 이내의 토지

78 「지방세법」상 토지에 대한 재산세를 부과함에 있어서 과세대상의 구분(종합합산과세대상, 별도합산과세대상, 분리과세대상)이 잘못된 것은?

① 관계법령에 따른 사회복지사업자가 복지시설이 소비목적으로 사용할 수 있도록 하기 위하여 1990년 5월 1일부터 소유하는 농지 : 분리과세대상

② 1990년 1월부터 소유하는 「수도법」에 따른 상수원보호구역의 임야 : 분리과세대상

③ 과세기준일 현재 계속 염전으로 실제 사용하고 있는 토지 : 분리과세대상

④ 여객자동차운송사업 면허를 받은 자가 그 면허에 따라 사용하는 차고용 토지(자동차운송사업의 최저보유차고면적기준의 1.5배에 해당하는 면적 이내의 토지) : 별도합산과세대상

⑤ 회원제 골프장용 토지(회원제 골프장업의 등록시 구분등록의 대상이 되는 토지 : 종합합산과세대상

79 「지방세법」상 재산세 과세표준에 대한 설명이다. 틀린 것은?

① 시가표준액이 3억원 이하인 1세대 1주택에 대한 재산세의 과세표준은 시가표준액에 공정시장가액비율(시가표준액의 100분의 43)을 곱하여 산정한 가액으로 한다.

② 시가표준액이 3억원을 초과하고 6억원 이하인 1세대 2주택에 대한 재산세의 과세표준은 시가표준액에 공정시장가액비율(시가표준액의 100분의 60)을 곱하여 산정한 가액으로 한다.

③ 토지에 대한 재산세의 과세표준은 시가표준액으로 한다.

④ 선박에 대한 재산세의 과세표준은 시가표준액으로 한다.

⑤ 주택이 아닌 건축물에 대한 과세표준은 건축물 시가표준액에 100분의 70의 공정시장가액비율을 곱하여 산정한다.

80 「지방세법」상 재산세의 세율에 관한 설명으로 틀린 것은 몇 개인가?

> ㉠ 주택에 대한 재산세의 세율은 4단계 초과누진세율이다.
> ㉡ 취득세 중과대상인 골프장용 토지에 대한 재산세의 세율은 1천분의 50이다.
> ㉢ 법령에 따른 고급주택은 1천분의 40, 그 밖의 주택은 초과누진세율을 적용한다.
> ㉣ 광역시(군 지역은 제외) 지역에서 「국토의 계획 및 이용에 관한 법률」과 그 밖의 관계 법령에 따라 지정된 주거지역의 대통령령으로 정하는 공장용 건축물의 재산세 표준세율은 초과누진세율이다.
> ㉤ 주택에 대한 재산세는 주택별로 표준세율을 적용한다.
> ㉥ 토지와 건물의 소유자가 다른 주택에 대해 세율을 적용할 때 해당 주택의 토지와 건물의 가액을 소유자별로 구분 계산한 과세표준에 해당 세율을 적용한다.

① 0개 ② 1개 ③ 2개
④ 3개 ⑤ 4개

81 「지방세법」상 다음의 재산세 과세표준에 적용되는 표준세율 중 가장 낮은 것은?
① 과세표준 20억원인 분리과세대상 목장용지
② 과세표준 6천만원인 주택(1세대 2주택에 해당)
③ 과세표준 10억원인 분리과세대상 공장용지
④ 과세표준 2억원인 별도합산과세대상 토지
⑤ 과세표준 5천만원인 종합합산과세대상 토지

82 「지방세법」상 재산세의 납세의무자에 관한 설명으로 틀린 것은?
① 공유물 분할등기가 이루어지지 아니한 공유토지 : 지분권자
② 「신탁법」 제2조 따른 수탁자의 명의로 등기 또는 등록된 신탁재산의 경우 : 수탁자
③ 공부상의 소유자가 매매 등의 사유로 소유권이 변동되었는데도 신고하지 아니하여 사실상의 소유자를 알 수 없을 때 : 공부상 소유자
④ 상속이 개시된 재산으로서 상속등기가 이행되지 아니하고 사실상의 소유자를 신고하지 아니하였을 경우 : 「민법」상 상속지분이 가장 높은 상속자(상속지분이 가장 높은 상속자가 두 명 이상인 경우에는 그중 연장자)
⑤ 국가가 선수금을 받아 조성하는 매매용 토지로서 사실상 조성이 완료된 토지의 사용권을 무상으로 받은 경우 : 그 사용권을 무상으로 받은 자

83 다음은 재산세의 납세의무자에 관한 설명이다. 틀린 것은?

① 재산세 과세기준일 현재 재산을 사실상 소유하고 있는 자는 재산세를 납부할 의무가 있다.

② 주택의 건물과 부속토지의 소유자가 다를 경우 그 주택에 대한 산출세액을 건축물과 그 부속토지의 시가표준액 비율로 안분계산한 부분에 대하여 그 소유자를 납세의무자로 본다.

③ 「신탁법」 제2조에 따른 수탁자의 명의로 등기 또는 등록된 신탁재산의 경우에는 위탁자(「주택법」 제2조 제11호 가목에 따른 지역주택조합 및 같은 호 나목에 따른 직장주택조합이 조합원이 납부한 금전으로 매수하여 소유하고 있는 신탁재산의 경우에는 해당 지역주택조합 및 직장주택조합을 말함)는 재산세를 납부할 의무가 있다. 이 경우 위탁자가 신탁재산을 소유한 것으로 본다.

④ 공부상 소유자가 소유권에 변동이 있음에도 불구하고 이를 신고하지 아니하여 사실상의 소유자를 알 수 없을 때에는 공부상의 소유자가 납세의무자가 된다.

⑤ 국가와 건축물을 연부로 매매계약을 체결하고 그 건축물의 사용권을 무상으로 부여받은 경우에 당해 건축물은 국가 소유이므로 그 매수자는 재산세를 납부할 의무가 없다.

84 「지방세법」상 재산세 부과·징수에 관한 설명으로 틀린 것은?

① 재산세를 물납하려는 자는 납부기한 10일 전까지 납세지를 관할하는 시장·군수·구청장에게 물납을 신청하여야 한다.

② 해당 연도에 주택에 부과할 세액이 50만원인 경우 납기를 7월 16일부터 7월 31일까지로 하여 한꺼번에 부과·징수한다.

③ 재산세는 관할 지방자치단체의 장이 세액을 산정하여 보통징수의 방법으로 부과·징수한다.

④ 지방자치단체의 장은 재산세 납부세액이 1천만원을 초과하는 경우에는 납세의무자의 신청을 받아 해당 지방자치단체의 관할구역에 있는 부동산에 대해서만 법령으로 정하는 바에 따라 물납을 허가할 수 있다.

⑤ 고지서 1장당 징수할 세액이 2천원 미만인 경우에는 해당 재산세를 징수하지 아니한다.

85 「지방세법」상 재산세 부과·징수에 관한 설명으로 틀린 것은 몇 개인가?

> ⊙ 지방자치단체의 장은 과세대상의 누락 등으로 이미 부과한 재산세액을 변경하여야
> 할 사유가 발생하더라도 수시로 부과·징수할 수 없다.
> ⓛ 재산세를 징수하려면 토지, 건축물, 주택, 선박 및 항공기로 각각 구분된 납세고지서
> 에 과세표준과 세액을 적어 늦어도 납기개시 5일 전까지 발급하여야 한다.
> ⓒ 토지에 대한 재산세는 납세의무자별로 한 장의 납세고지서로 발급하여야 한다.
> ⓔ 사실상 종중재산으로서 공부상에는 개인 명의로 등재되어 있는 재산의 공부상 소유
> 자는 과세기준일부터 15일 이내에 그 소재지를 관할하는 지방자치단체의 장에게 그
> 사실을 알 수 있는 증거자료를 갖추어 신고하여야 한다.
> ⓜ 지방자치단체의 장은 재산세의 납부세액이 250만원을 초과하는 경우에는 대통령령
> 으로 정하는 바에 따라 납부할 세액의 일부를 납부기한이 지난 날부터 6개월 이내에
> 분할납부하게 할 수 있다.

① 1개   ② 2개   ③ 3개
④ 4개   ⑤ 5개

86 「지방세법」상 재산세 비과세 대상에 해당하는 것은? (단, 주어진 조건 외에는 고려하지
않음)

① 국가, 지방자치단체가 1년 이상 유료로 사용하는 경우
② 대한민국 정부기관의 재산에 대하여 과세하는 외국정부의 재산
③ 대통령령으로 정하는 도로·하천·제방·구거·유지 및 묘지
④ 임시로 사용하기 위하여 건축된 건축물로서 재산세 과세기준일 현재 1년 미만인 법
령에 따른 고급오락장
⑤ 「군사기지 및 군사시설 보호법」에 따른 군사기지 및 군사시설 보호구역 중 통제보
호구역에 있는 전·답·과수원 및 대지

87 「종합부동산세법」상 종합부동산세의 과세대상인 것은?

① 취득세 중과대상인 고급오락장용 건축물

② 여객자동차운송사업 면허를 받은 자가 그 면허에 따라 사용하는 차고용 토지(자동차운송사업의 최저보유차고면적기준의 1.5배에 해당하는 면적 이내의 토지)

③ 공장용 건축물

④ 「지방세법」에 따라 재산세가 비과세되는 토지

⑤ 종중이 1990년 1월부터 소유하는 농지

88 다음은 주택(합산배제대상 주택 제외)분 종합부동산세 세액계산 흐름도를 설명한 것이다. 틀린 것은? [단, 개인이 2주택(조정대상지역 내 2주택을 소유한 경우는 제외)을 소유한 경우라 가정함]

① 과세표준＝[주택의 공시가격의 합(合)－공제액(9억원)]×공정시장가액비율(60%)

② 세율＝7단계 초과누진세율(최저 1천분의 5)

③ 종합부동산세액＝과세표준×세율

④ 납부세액＝종합부동산세액－공제할 재산세액－세부담상한 초과세액

⑤ 세부담상한 초과세액＝당해 연도 총세액상당액－전년도 총세액상당액×130%

89 「종합부동산세법」상 종합부동산세에 관한 설명 중 옳은 것은? (단, 감면과 비과세와 「지방세특례제한법」 또는 「조세특례제한법」은 고려하지 않음)

① 1세대 1주택자는 주택의 공시가격을 합산한 금액에서 12억원을 공제한 금액을 과세표준으로 한다.

② 종합부동산세의 분납은 허용되지 않는다.

③ 주택분 종합부동산세액에서 공제되는 재산세액은 재산세 표준세율의 100분의 50의 범위에서 가감된 세율이 적용된 경우에는 그 세율이 적용되기 전의 세액으로 하고, 재산세 세부담 상한을 적용받은 경우에는 그 상한을 적용받기 전의 세액으로 한다.

④ 과세기준일 현재 토지분 재산세 납세의무자로서 「자연공원법」에 따라 지정된 공원자연환경지구의 임야를 소유하는 자는 토지에 대한 종합부동산세를 납부할 의무가 있다.

⑤ 종합부동산세의 납세의무자가 비거주자인 개인으로서 국내사업장이 없고 국내원천소득이 발생하지 아니하는 1주택을 소유한 경우 그 주택 소재지를 납세지로 정한다.

90 종합부동산세에 대한 설명 중 틀린 것은?

① 재산세 과세재산 중 별도합산과세대상토지의 공시가격을 합한 금액이 80억원을 초과하는 자는 종합부동산세를 납부할 의무가 있다.

② 개인의 경우 종합부동산세의 납세지는 소득세법상의 규정을 준용하여 정한다.

③ 혼인함으로써 1세대를 구성하는 경우에는 혼인한 날부터 5년 동안은 주택 또는 토지를 소유하는 자와 그 혼인한 자별로 각각 1세대로 본다.

④ 납세의무자가 해당 연도에 납부하여야 할 종합합산과세대상인 토지에 대한 세부담 상한액은 직전년도에 해당 토지에 부과된 종합부동산세액의 100분의 300이다.

⑤ 국내에 있는 재산세 과세대상인 주택의 공시가격을 합산한 금액이 5억원인 법인은 종합부동산세 납세의무자에 해당한다.

91 「종합부동산세법」상 종합부동산세에 관한 설명으로 틀린 것은? (단, 감면 및 비과세와 「지방세특례제한법」 또는 「조세특례제한법」은 고려하지 않음)

① 관할세무서장은 종합부동산세로 납부하여야 할 세액이 250만원을 초과하는 경우에는 대통령령으로 정하는 바에 따라 그 세액의 일부를 납부기한이 지난 날부터 6개월 이내에 분납하게 할 수 있다.

② 모회사인 A법인과 자회사인 B법인이 소유한 국내에 있는 재산세 과세대상인 주택의 공시가격을 합한 금액이 10억원(모회사 6억원, 자회사 4억원)인 경우 모회사인 A법인과 자회사인 B법인은 모두 종합부동산세 납세의무자에 해당한다.

③ 「지방세특례제한법」 또는 「조세특례제한법」에 의한 재산세의 비과세·과세면제 또는 경감에 관한 규정은 종합부동산세를 부과하는 경우에 준용한다.

④ 종합부동산세의 납세의무자가 개인 또는 법인으로 보지 아니하는 단체인 경우에는 소득세법 제6조의 규정을 준용하여 납세지를 정한다.

⑤ 종합합산과세대상인 토지에 대한 납세의무자가 과세기준일 현재 만 75세이고 해당 토지를 과세기준일 현재 17년 보유한 경우 공제율은 100분의 80이다.

92 「지방세기본법」상 도세 세목이 아닌 것은?

① 재산세　　　　　② 지방소비세　　　　　③ 등록면허세
④ 지역자원시설세　　　⑤ 취득세

93 국세 및 지방세의 납세의무 성립시기에 관한 내용으로 틀린 것은? (단, 특별징수 및 수시부과와 무관함)

① 소득세 : 과세기간이 끝나는 때

② 거주자의 양도소득에 대한 지방소득세 : 과세표준이 되는 소득에 대하여 소득세의 납세의무가 성립하는 때

③ 종합부동산세 : 과세기준일

④ 취득세 : 과세물건을 취득한 날부터 60일이 되는 때

⑤ 재산세 : 과세기준일

94 「국세기본법」 제22조 [납세의무의 확정]에 설명이다. 틀린 것은?

① 소득세는 납세의무자가 과세표준과 세액을 정부에 신고했을 때에 확정된다.

② 소득세의 납세의무자가 과세표준과 세액의 신고를 하지 아니하거나 신고한 과세표준과 세액이 세법에서 정하는 바와 맞지 아니한 경우에는 정부가 과세표준과 세액을 결정하거나 경정하는 때에 그 결정 또는 경정에 따라 확정된다.

③ 종합부동산세는 해당 국세의 과세표준과 세액을 정부가 결정하는 때에 확정된다.

④ 납세의무자가 「종합부동산세법」 제16조 제3항에 따라 과세표준과 세액을 정부에 신고하는 경우에는 납세의무자가 과세표준과 세액을 정부에 신고했을 때에 확정된다.

⑤ 양도소득세의 예정신고만으로 양도소득세 납세의무가 확정되지 아니한다.

95 원칙적으로 과세관청의 결정에 의하여 납세의무가 확정되는 국세를 모두 고른 것은?

㉠ 취득세
㉡ 종합부동산세
㉢ 재산세
㉣ 양도소득세

① ㉠   ② ㉡   ③ ㉢

④ ㉡, ㉢   ⑤ ㉢, ㉣

96 다음은 「국세기본법」상 국세부과의 제척기간에 관한 설명이다. 가장 옳지 않은 것은?

① 국세부과의 제척기간은 권리관계를 조속히 확정시키려는 것이므로 국세징수권 소멸 시효와는 달리 진행기간의 중단이나 정지가 없으므로 제척기간이 경과하면 정부의 부과권은 소멸되어 과세표준이나 세액을 변경하는 어떤 결정(경정)도 할 수 없다.

② 과세표준과 세액을 신고하는 국세(「종합부동산세법」에 따라 신고하는 종합부동산 세는 제외한다)의 경우 해당 국세의 과세표준과 세액에 대한 신고기한 또는 신고서 제출기한의 다음 날이 국세부과 제척기간의 기산일이다.

③ 종합부동산세의 제척기간 기산일은 납세의무가 성립한 날이다.

④ 소득세 납세자가 법정신고기한까지 과세표준신고서를 제출하지 아니한 경우 제척 기간은 해당 소득세를 부과할 수 있는 날부터 5년간이다.

⑤ 증여세 신고서를 제출한 자가 거짓 신고 또는 누락신고를 한 경우(그 거짓신고 또는 누락신고를 한 부분만 해당한다)의 제척기간은 부과할 수 있는 날부터 15년간이다.

97 「국세기본법」 및 「지방세기본법」상 조세채권과 일반채권의 관계에 관한 설명으로 틀린 것은?

① 납세담보물을 매각하였을 때에는 압류 순서에 관계없이 그 담보된 국세 및 강제징 수비는 매각대금 중에서 다른 국세 및 강제징수비와 지방세에 우선하여 징수한다.

② 재산의 매각대금 배분시 당해 재산에 부과된 종합부동산세는 당해 재산에 설정된 전세권에 따라 담보된 채권보다 우선한다.

③ 소득세의 법정기일 전에 주택임대차보호법에 따른 대항요건과 확정일자를 갖춘 사 실이 증명되는 재산을 매각할 때 그 매각금액 중에서 소득세를 징수하는 경우, 그 확정일자를 갖춘 임대차계약서상의 보증금은 소득세보다 우선 변제된다.

④ 취득세 신고서를 납세지 관할 지방자치단체장에게 제출한 날 전에 저당권 설정 등 기 사실이 증명되는 재산을 매각하여 그 매각대금에서 취득세를 징수하는 경우, 저 당권에 따라 담보된 채권은 취득세에 우선한다.

⑤ 재산의 매각대금 배분시 당해 재산에 부과된 재산세는 당해 재산에 설정된 저당권 에 따라 담보된 채권보다 우선하지 못한다.

98 거주자인 개인 甲이 乙로부터 부동산을 취득하는 경우, 거주자인 개인 甲이 취득단계에서 부담할 수 있는 지방세를 모두 고른 것은?

> ㉠ 취득세
> ㉡ 농어촌특별세
> ㉢ 재산세
> ㉣ 종합부동산세
> ㉤ 양도소득세

① ㉠   ② ㉠, ㉡   ③ ㉠, ㉡, ㉢
④ ㉡   ⑤ ㉡, ㉤

99 다음은 부동산세법상 물납 및 분납(분할납부)에 관한 설명이다. 틀린 것은?

① 지방자치단체의 장은 재산세의 납부세액이 250만원을 초과하는 경우에는 대통령령으로 정하는 바에 따라 납부할 세액의 일부를 납부기한이 지난 날부터 3개월 이내에 분할납부하게 할 수 있다.

② 관할세무서장은 종합부동산세로 납부하여야 할 세액이 250만원을 초과하는 경우에는 대통령령으로 정하는 바에 따라 그 세액의 일부를 납부기한이 지난 날부터 6개월 이내에 분납하게 할 수 있다.

③ 지방자치단체의 장은 재산세의 납부세액이 1천만원을 초과하는 경우에는 납세의무자의 신청을 받아 해당 지방자치단체의 관할구역에 있는 부동산에 대해서만 대통령령으로 정하는 바에 따라 물납을 허가할 수 있다.

④ 관할세무서장은 종합부동산세로 납부하여야 할 세액이 1천만원을 초과하는 경우에는 대통령령이 정하는 바에 의하여 물납을 허가할 수 있다.

⑤ 거주자로서 「소득세법」 제65조(중간예납)·제69조(부동산매매업자의 토지 등 매매차익예정신고와 납부) 또는 제76조(확정신고납부)에 따라 납부할 세액이 각각 1천만원을 초과하는 자는 대통령령으로 정하는 바에 따라 그 납부할 세액의 일부를 납부기한이 지난 후 2개월 이내에 분할납부할 수 있다.

100 「지방세기본법」상 부과 및 징수, 불복, 서류의 송달에 관한 설명으로 틀린 것은?

① 지방세에 관한 불복시 불복청구인은 이의신청을 거치지 않고 심판청구를 제기할 수 없다.

② 「지방세기본법」에 따른 과태료의 부과처분을 받은 자는 이의신청 또는 심판청구를 할 수 없다.

③ 이의신청인은 신청 또는 청구 금액이 8백만원인 경우에는 그의 배우자를 대리인으로 선임할 수 있다.

④ 교부에 의한 서류송달의 경우에 송달할 장소에서 서류를 송달받아야 할 자를 만나지 못하였을 때에는 그의 사용인으로서 사리를 분별할 수 있는 사람에게 서류를 송달할 수 있다.

⑤ 기한을 정하여 납세고지서를 송달하였더라도 서류가 도달한 날부터 7일이 되는 날에 납부기한이 되는 경우 지방자치단체의 징수금의 납부기한은 해당 서류가 도달한 날부터 14일이 지난 날로 한다.

02 복습문제

01 다음은 「소득세법」에 대한 설명으로 틀린 것은?

① 양도소득에 대한 과세표준은 종합소득 및 퇴직소득에 대한 과세표준과 구분하여 계산한다.

② 양도소득세 납세의무의 확정은 관할세무서장의 결정에 의하지 않고 납세의무자의 신고에 의한다.

③ 해당 과세기간의 주거용 건물 임대업을 제외한 부동산임대업에서 발생한 결손금은 그 과세기간의 종합소득과세표준을 계산할 때 공제하지 않는다.

④ 부동산임대업에서 발생한 사업소득에 대한 종합소득세는 분할납부는 가능하고 물납은 신청할 수 없다.

⑤ 공동사업에 관한 소득금액을 계산하는 경우(주된 공동사업자에게 합산과세되는 경우 제외)에는 해당 공동사업자가 그 종합소득세를 연대하여 납부할 의무를 진다.

02 다음은 「소득세법」에 대한 설명이다. 틀린 것은?

① 공동으로 소유한 자산에 대한 양도소득금액을 계산하는 경우에는 해당 자산을 공동으로 소유하는 공유자가 그 양도소득세를 연대하여 납부할 의무를 진다.

② 비거주자가 국외 토지를 양도한 경우 양도소득세 납부의무는 없다.

③ 거주자가 국외 토지를 양도한 경우 양도일까지 계속해서 10년간 국내에 주소를 두었다면 양도소득 과세표준을 예정신고하여야 한다.

④ 거주자에 대한 소득세의 납세지는 그 주소지로 하는 것이나, 주민등록이 직권말소된 자로서 실제의 주소지 및 거소지가 확인되지 아니하는 거주자의 납세지는 말소당시 주소지로 한다.

⑤ 비거주자의 소득세 납세지는 제120조에 따른 국내사업장의 소재지로 한다. 다만, 국내사업장이 둘 이상 있는 경우에는 주된 국내사업장의 소재지로 하고, 국내사업장이 없는 경우에는 국내원천소득이 발생하는 장소로 한다.

03 「소득세법」상 거주자의 부동산임대업에서 발생하는 소득에 관한 설명으로 옳은 것은?

① 미등기부동산을 임대하고 그 대가로 받는 것은 사업소득이 아니다.

② 지역권·지상권을 설정하거나 대여함으로써 발생하는 소득은 기타소득이다. 다만, 「공익사업을 위한 토지 등의 취득 및 보상에 관한 법률」 제4조에 따른 공익사업과 관련하여 지역권·지상권(지하 또는 공중에 설정된 권리를 포함한다)을 설정하거나 대여함으로써 발생하는 소득은 사업소득이다.

③ 자기소유의 부동산을 타인의 담보로 사용하게 하고 그 사용대가로 받는 것은 기타 소득이다.

④ 주택의 임대로 인하여 얻은 과세대상 소득은 사업소득으로서 해당 거주자의 종합소 득금액에 합산된다.

⑤ 지상권을 양도함으로써 발생하는 소득은 기타소득이다.

04 「소득세법」상 거주자가 부동산 등을 임대하여 발생하는 소득에 관한 설명으로 틀린 것은?

① 부부가 각각 주택을 1채씩 보유한 상태에서 그중 1주택을 임대하고 연간 2,800만원 의 임대료를 받았을 경우 주택임대에 따른 과세소득은 있다.

② 거주자의 보유주택 수를 계산함에 있어서 다가구주택은 1개의 주택으로 보되, 구분 등기된 경우에는 각각을 1개의 주택으로 계산한다.

③ 주택을 임대하여 얻은 소득은 거주자가 사업자등록을 한 경우에 한하여 소득세 납 세의무가 있다.

④ 국외에 소재하는 임대주택은 주택 수에 관계없이 과세된다.

⑤ 주택임대소득이 과세되는 고가주택은 과세기간 종료일 현재 기준시가 12억원을 초 과하는 주택을 말한다.

05 「소득세법」상 거주자의 부동산임대업에서 발생하는 소득에 관한 설명으로 틀린 것은?

① 주택 2채를 소유한 거주자가 1채는 월세계약으로, 나머지 1채는 전세계약의 형태로 임대한 경우 월세계약에 의하여 받은 임대료에 대해서만 소득세가 과세된다.

② 2주택(법령에 따른 소형주택 아님)과 2개의 상업용 건물을 소유하는 자가 보증금을 받은 경우 2개의 상업용 건물에 대하여만 법령으로 정하는 바에 따라 계산한 간주임대료를 사업소득 총수입금액에 산입한다.

③ 임대보증금의 간주임대료를 계산하는 과정에서 금융수익을 차감할 때 그 금융수익은 수입이자와 할인료, 수입배당금, 유가증권처분이익으로 한다.

④ 국내소재 3주택(법령에 따른 소형주택 아님)을 소유한 자가 받은 주택임대보증금의 합계액이 4억원인 경우, 그 보증금에 대하여 법령에서 정한 산식으로 계산한 금액을 총수입금액에 산입한다.

⑤ 주택 1채만을 소유한 거주자가 과세기간 종료일 현재 기준시가 13억원인 해당 주택을 전세금을 받고 임대하여 얻은 소득에 대해서는 소득세가 과세되지 아니한다.

06 「소득세법」상 부동산임대업에서 발생한 소득에 관한 설명으로 틀린 것은?

① 해당 과세기간에 분리과세 주택임대소득이 있는 거주자(종합소득과세표준이 없거나 결손금이 있는 거주자 포함)는 그 종합소득 과세표준을 그 과세기간의 다음 연도 5월 1일부터 5월 31일까지 신고하여야 한다.

② 사업자가 부동산을 임대하고 임대료 외에 전기료·수도료 등 공공요금의 명목으로 지급받은 금액이 공공요금의 납부액을 초과할 때 그 초과하는 금액은 사업소득 총수입금액에 산입한다.

③ 공익사업과 관련된 지상권의 대여로 인한 소득은 부동산임대업에서 발생한 소득에서 제외한다.

④ 사업소득에 부동산임대업에서 발생한 소득이 포함되어 있는 사업자는 그 소득별로 구분하여 회계처리하여야 한다.

⑤ 주택임대사업자인 거주자 甲은 국내에 A, B, C주택을 임대하고 있다. 그중 B주택 (주거전용면적 40m², 기준시가 2억원)을 보증금 1억원을 받고 임대하여 얻은 소득에 대해서는 소득세가 과세된다.

07 「소득세법」상 양도에 해당하는 것으로 옳은 것은?

① 「도시개발법」에 따라 토지의 일부가 보류지로 충당되는 경우
② 부동산의 부담부증여에 있어서 수증자가 인수하는 채무액 상당액
③ 매매원인 무효의 소에 의하여 그 매매사실이 원인무효로 판시되어 환원될 경우
④ 이혼으로 인하여 혼인 중에 형성된 부부공동재산을 「민법」제839조의 2에 따라 재산분할하는 경우
⑤ 공동소유의 토지를 공유자지분 변경 없이 2개 이상의 공유토지로 분할하였다가 공동지분의 변경 없이 그 공유토지를 소유지분별로 단순히 재분할하는 경우

08 다음 중 양도소득세 과세대상인 양도의 개념 설명 중 옳은 것은?

① 공동소유의 토지를 공유자 지분 변경 없이 2개 이상의 공유토지로 분할한 때에는 양도로 보지 아니하는 것이나, 분할한 그 공유토지를 소유지분별로 재분할하는 경우에는 이를 양도로 본다.
② 배우자 간의 부담부증여에 있어서 수증자가 인수한 증여자의 채무액은 증여재산가액에서 공제하지 아니하고 증여세가 과세되므로, 항상 양도로 보지 아니한다.
③ 양도라 함은 매도, 교환, 법인에 대한 현물출자 등으로 그 자산이 유상으로 이전되는 것으로서, 소유권이전을 위한 등기 또는 등록을 과세의 조건으로 한다.
④ 법원의 확정판결에 의하여 신탁해지를 원인으로 소유권이전등기를 하는 경우에는 양도로 본다.
⑤ 법정요건을 갖춘 양도담보계약에 의하여 소유권을 이전한 경우에는 이를 양도로 보지 아니하되, 채무불이행으로 변제에 충당한 때에는 이를 양도한 것으로 본다.

09 양도소득세에 있어서 양도의 개념에 관한 설명 중 틀린 것은?

① 적법하게 소유권이 이전된 매매계약이 당사자 간의 해제를 원인으로 당초 소유자 명의로 소유권이 환원된 경우에는 양도에 해당한다.
② 임의경매절차에 의하여 소유권이 사실상 유상이전된 경우는 양도에 해당하며, 강제경매·공매의 경우에도 양도에 해당한다.
③ 조세를 부동산으로 물납한 경우에는 양도에 해당한다.
④ 재산분할청구권에 의하여 소유권을 이전한 경우에는 양도에 해당한다.
⑤ 법원의 확정판결에 의하여 신탁해지를 원인으로 소유권 이전등기를 하는 경우에는 양도로 보지 아니한다.

10 거주자 甲이 배우자·직계존비속이 아닌 거주자 乙에게 상업용 건물을 부담부증여하고 乙이 甲의 해당 피담보채권을 인수한 경우 甲의 양도차익은 얼마인가?

> ㉠ 甲의 취득당시 실지거래가액은 1억원이다.
> ㉡ 증여일 현재 「상속세 및 증여세법」 규정에 따른 평가액(감정가액)은 2억원이다.
> ㉢ 상업용 건물에는 금융회사로부터의 차입금 1억원(채권최고액 : 1억2천만원)에 대한 근저당권이 설정되어 있다.
> ㉣ 등기된 상업용건물이며, 甲의 취득시 부대비용은 5백만원이다.
> ㉤ 양도가액은 양도 당시 「상속세 및 증여세법」 규정에 따른 평가액(감정가액)을 기준으로 계산한다.

① 35,000,000원
② 40,000,000원
③ 42,000,000원
④ 45,000,000원
⑤ 47,500,000원

11 양도소득세는 등기·등록에 관계없이 사실상 유상이전이면 양도소득세를 과세하고 있다. 다음은 양도의 개념에 대한 설명이다. 옳은 것은?

① 공공사업목적으로 공공사업시행자에게 수용된 것은 양도로 보지 아니한다.
② 배우자 또는 직계존비속에게 재산을 양도한 경우에는 양도로 보지 아니하고 증여로 의제한다.
③ 소유자산을 경매·공매로 인하여 자기가 재취득하는 경우에는 자산의 유상이전에 해당되지 않으므로 양도로 보지 않는다.
④ 매매계약 체결 후 잔금청산 전 매매계약의 해제로 원소유자에게 소유권을 환원한 경우에는 양도로 본다.
⑤ 甲과 乙이 균등으로 공동소유한 토지를 대가 없이 甲 70%, 乙 30%의 지분으로 분할한 경우에는 양도에 해당한다.

12 다음 중 양도소득세가 과세될 수 있는 양도가 아닌 것은?

① 법인에 부동산을 현물출자하는 경우

② 채무불이행으로 인하여 담보로 제공된 토지가 변제에 충당되는 경우

③ 공공사업시행자가 체비지를 매각하는 경우

④ 이혼시 일방의 재산분할청구권의 행사에 의해 부동산의 소유권이 이전되는 경우

⑤ 환지계획에 의해 환지처분으로 취득한 토지를 매각하는 경우

13 「소득세법」상 거주자의 양도소득세 과세대상이 아닌 것은? (단, 국내 자산을 가정함)

① 개인의 토지를 법인에 현물출자

② 등기된 부동산임차권의 양도

③ 이혼으로 인하여 혼인 중에 형성된 부부공동재산을 「민법」 제839조의 2에 따라 재산분할하는 경우

④ 사업에 사용하는 토지·건물 및 부동산에 관한 권리와 함께 영업권의 양도

⑤ 건물이 완성되는 때에 그 건물과 이에 딸린 토지를 취득할 수 있는 권리의 양도

14 「소득세법」상 거주자의 양도소득세 과세대상이 아닌 것은 몇 개인가? (단, 거주자가 국내 자산을 양도한 것으로 한정함)

⊙ 등기된 부동산임차권

⊙ 영업권(사업용 고정자산과 분리되어 양도되는 것)

⊙ 전세권

⊙ 개인의 토지를 법인에 현물출자

⊙ 지상권의 양도

⊙ 「도시개발법」이나 그 밖의 법률에 따른 환지처분으로 지목 또는 지번의 변경

⊙ 지방자치단체가 발행하는 토지상환채권을 양도하는 경우

⊙ 주거용 건물건설업자가 당초부터 판매할 목적으로 신축한 다가구주택을 양도하는 경우

① 1개 ② 2개 ③ 3개

④ 4개 ⑤ 5개

15 「소득세법」상 양도차익 계산시 취득 및 양도시기로 틀린 것은?

① 대금을 청산한 날이 분명하지 아니한 경우: 등기부·등록부 또는 명부 등에 기재된 등기·등록접수일 또는 명의개서일

② 대금을 청산하기 전에 소유권이전등기(등록 및 명의개서 포함)를 한 경우: 등기부·등록부 또는 명부 등에 기재된 등기접수일

③ 상속에 의하여 취득한 자산: 피상속인의 취득일

④ 증여에 의하여 취득한 자산: 증여를 받은 날

⑤ 「공익사업을 위한 토지 등의 취득 및 보상에 관한 법률」에 따라 공익사업을 위하여 수용되는 경우: 대금을 청산한 날, 수용의 개시일 또는 소유권이전등기접수일 중 빠른 날. 다만, 소유권에 관한 소송으로 보상금이 공탁된 경우에는 소유권 관련 소송 판결 확정일로 한다.

16 현행 「소득세법」에서 규정하는 토지의 양도 및 취득의 시기에 관하여 틀린 것은?

① 토지의 양도 및 취득시기는 원칙적으로 토지의 대금을 청산한 날

② 환지처분에 의하여 취득한 토지의 취득시기는 토지의 환지처분을 받은 날

③ 자기가 건설한 건축물에 있어서는 「건축법」 제22조 제2항에 따른 사용승인서 교부일. 다만, 사용승인서 교부일 전에 사실상 사용하거나 같은 조 제3항 제2호에 따른 임시사용승인을 받은 경우에는 그 사실상의 사용일 또는 임시사용승인을 받은 날 중 빠른 날로 하고, 건축 허가를 받지 아니하고 건축하는 건축물에 있어서는 그 사실상의 사용일로 한다.

④ 「민법」 제245조 제1항의 규정에 의하여 부동산의 소유권을 취득하는 경우에는 당해 부동산의 점유를 개시한 날

⑤ 장기할부조건의 경우에는 소유권이전등기접수일·인도일 또는 사용수익일 중 빠른 날

17 양도소득과세표준 계산에서 그 공제순위가 제일 나중인 것은?

① 양도소득기본공제액

② 자본적지출액

③ 장기보유특별공제액

④ 양도비용

⑤ 설비비, 개량비

18 미등기부동산의 양도소득에 대한 과세표준으로 옳은 것은?

① 양도가액 – 필요경비 – 장기보유특별공제 – 양도소득기본공제
② 양도가액 – 필요경비 – 양도소득특별공제 – 장기보유특별공제 – 양도소득기본공제
③ 양도가액 – 필요경비
④ 양도가액 – 필요경비 – 양도소득기본공제
⑤ 양도가액 – 필요경비 – 양도소득기본공제 – 장기보유특별공제

19 「소득세법」상 거주자가 국내소재 주택의 양도가액과 취득가액을 실지 거래된 금액을 기준으로 양도차익을 산정하는 경우에 관한 설명 중 틀린 것은 몇 개인가? (단, 지출액은 양도주택과 관련된 것으로 전액 양도자가 부담함)

㉠ 양도와 취득시의 실지거래가액을 확인할 수 있는 경우에는 양도가액과 취득가액을 실지거래가액으로 산정한다.
㉡ 양도소득의 총수입금액은 양도가액으로 한다.
㉢ 취득가액을 실지거래가액으로 계산하는 경우 자본적 지출액은 필요경비에 포함된다.
㉣ 주택의 취득대금에 충당하기 위한 대출금의 이자지급액은 필요경비에 해당하지 않는다.
㉤ 취득시 법령의 규정에 따라 매입한 국민주택채권을 만기 전에 법령이 정하는 금융기관에 양도함으로써 발생하는 매각차손은 필요경비에 해당한다.
㉥ 양도 전 주택의 이용편의를 위한 방 확장 공사비용(이로 인해 주택의 가치가 증가됨)은 필요경비에 해당한다.
㉦ 양도소득세 과세표준 신고서 작성비용은 필요경비에 해당한다.
㉧ 공인중개사에게 지출한 중개보수는 필요경비에 해당한다.

① 0개 　　　　　　② 1개 　　　　　　③ 2개
④ 3개 　　　　　　⑤ 4개

20 「소득세법」상 사업소득이 있는 거주자가 실지거래가액에 의해 부동산의 양도차익을 계산하는 경우 양도가액에서 공제할 필요경비에 포함되는 것은? [다만, 자본적 지출에 관한 적격증명서류(세금계산서·계산서·신용카드매출전표·현금영수증)를 수취·보관한 경우라 가정함]

① 취득에 관한 쟁송이 있는 자산에 대하여 그 소유권 등을 확보하기 위하여 직접 소요된 소송비용·화해비용 등의 금액으로서 그 지출한 연도의 각 소득금액의 계산에 있어서 필요경비에 산입한 금액

② 당사자 약정에 의한 대금지급방법에 따라 취득원가에 이자상당액을 가산하여 거래가액을 확정하는 경우 당해 이자상당액

③ 양도자산의 보유기간 중에 그 자산의 감가상각비로서 사업소득금액의 계산시에 필요경비로 산입한 금액

④ 매입시 기업회계기준에 따라 발생한 현재가치할인차금 중 보유기간 동안 사업소득의 필요경비로 산입된 금액

⑤ 소득세법상의 부당행위계산에 의한 시가초과액과 주택의 취득대금에 충당하기 위한 대출금의 이자지급액

21 「소득세법」상 거주자의 양도소득세가 과세되는 부동산의 양도가액 또는 취득가액을 추계조사하여 양도소득 과세표준 및 세액을 결정 또는 경정하는 경우에 관한 설명으로 틀린 것은? (단, 매매사례가액과 감정가액은 특수관계인과의 거래가액이 아님)

① 양도 또는 취득당시의 실지거래가액의 확인을 위하여 필요한 장부·매매계약서·영수증 기타 증빙서류가 없거나 그 중요한 부분이 미비된 경우 추계결정 또는 경정의 사유에 해당한다.

② 취득당시 실지거래가액을 확인할 수 없는 경우에는 매매사례가액, 환산가액, 감정가액, 기준시가를 순차로 적용하여 산정한 가액을 취득가액으로 한다.

③ 매매사례가액은 양도일 또는 취득일 전후 각 3개월 이내에 해당 자산과 동일성 또는 유사성이 있는 자산의 매매사례가 있는 경우 그 가액을 말한다.

④ 감정가액은 양도일 또는 취득일 전후 각 3개월 이내에 해당 자산(주식 등을 제외한다)에 대하여 둘 이상의 감정평가업자가 평가한 것으로서 신빙성이 있는 것으로 인정되는 감정가액(감정평가기준일이 양도일 또는 취득일 전후 각 3개월 이내인 것에 한정한다)이 있는 경우에는 그 감정가액의 평균액으로 한다. 다만, 기준시가가 10억원 이하인 자산(주식 등은 제외한다)의 경우에는 양도일 또는 취득일 전후 각 3개월 이내에 하나의 감정평가업자가 평가한 것으로서 신빙성이 있는 것으로 인정되는 경우 그 감정가액(감정평가기준일이 양도일 또는 취득일 전후 각 3개월 이내인 것에 한정한다)으로 한다.

⑤ 취득가액을 매매사례가액으로 계산하는 경우 취득당시 기준시가에 3/100을 곱한 금액이 필요경비에 포함된다.

22 추계결정에 의한 양도·취득가액과 기타의 필요경비에 대한 설명이다. 틀린 것은?

① 특수관계인 간의 거래가 아닌 경우로서 취득가액인 실지거래가액을 인정 또는 확인할 수 없어 그 가액을 추계결정 또는 경정하는 경우에는 매매사례가액, 감정가액, 환산취득가액, 기준시가의 순서에 따라 적용한 가액에 의한다.

② 실지거래가액을 확인할 수 없어 매매사례가액, 감정가액 및 환산가액에 의하여 양도차익을 계산하는 경우 필요경비는 취득당시의 기준시가에 매입부대비용 등을 감안하여 자산별로 정한 일정한 율에 의하여 계산한 금액(개산공제액)을 필요경비로 공제한다.

③ 매매사례가액과 감정가액을 적용함에 있어 특수관계인과의 거래에 따른 가액 등으로서 객관적으로 부당하다고 인정되는 경우에는 해당 가액을 적용하지 아니한다.

④ 취득가액을 실지거래가액이 아닌 환산가액으로 하는 경우 사업소득금액 계산시 필요경비로 산입한 감가상각비는 취득가액에서 공제하지 않는다.

⑤ 취득가액을 환산가액으로 하는 경우로서 환산가액과 개산공제액의 합계액이 자본적지출액과 양도비용의 합계액보다 적은 경우에는 자본적지출액과 양도비용의 합계액을 필요경비로 할 수 있다.

23 다음 자료에서 미등기된 토지(900㎡)의 양도차익은 얼마인가? (양도소득세 부담을 최소화하기로 함)

> ㉠ 취득당시 실지거래가액 : 확인할 수 없음
> ㉡ 양도당시 실지거래가액 : 1,000,000,000원
> ㉢ 취득당시 매매사례가액 및 감정가액은 없다.
> ㉣ 취득당시 개별공시지가 : 200,000,000원
> ㉤ 양도당시 개별공시지가 : 500,000,000원
> ㉥ 택지조성비(자본적지출액) 지출액 : 80,000,000원(영수증 구비)
> ㉦ 양도시 중개보수 지출액 : 20,000,000원(영수증 구비)

① 299,400,000원

② 594,000,000원

③ 500,000,000원

④ 494,000,000원

⑤ 599,400,000원

24 「소득세법」상 등기된 토지의 양도차익계산에 관한 설명으로 틀린 것은? (단, 특수관계자와의 거래가 아님)

① 양도와 취득시의 실지거래가액을 확인할 수 있는 경우에는 양도가액과 취득가액을 실지거래가액으로 산정한다.

② 취득당시 실지거래가액을 확인할 수 없는 경우에는 매매사례가액, 환산가액, 감정가액, 기준시가를 순차로 적용하여 산정한 가액을 취득가액으로 한다.

③ 취득가액을 실지거래가액으로 계산하는 경우 자본적 지출액은 필요경비에 포함되고, 취득가액을 매매사례가액으로 계산하는 경우 취득당시 개별공시지가에 3/100을 곱한 금액이 필요경비에 포함된다.

④ 양도가액을 기준시가에 따를 때에는 취득가액도 기준시가에 따른다.

⑤ 환산가액은 양도가액을 추계할 경우에는 적용되지 않지만 취득가액을 추계할 경우에는 적용된다.

25 「소득세법」상 장기보유특별공제에 관한 설명으로 틀린 것은?

① 장기보유특별공제액은 건물의 양도가액에 보유기간별 공제율을 곱하여 계산한다.

② 보유기간이 3년 이상인 등기된 상가건물은 장기보유특별공제가 적용된다.

③ 100분의 70의 세율이 적용되는 미등기 건물에 대해서는 장기보유특별공제를 적용하지 아니한다.

④ 1세대 1주택 요건을 충족한 고가주택(보유기간 3년 6개월)이 과세되는 경우 장기보유특별공제가 적용된다.

⑤ 보유기간이 17년인 등기된 상가건물의 보유기간별 공제율은 100분의 30이다.

26 다음의 자산 중 「소득세법」상 장기보유특별공제가 적용되는 것은?

① 3년 보유한 등기된 부동산임차권

② 2년 보유한 상가

③ 4년 보유한 미등기된 토지

④ 4년 6개월 보유한 1세대 3주택에 해당하는 등기된 주택(양도가액 10억원, 조정대상지역이 아님)

⑤ 5년 보유한 골프 회원권

27 양도소득세 과세표준 계산시 공제되는 양도소득기본공제에 대한 설명으로 틀린 것은?

① 양도소득이 있는 거주자에 대해서는 소득별로 해당 과세기간의 양도소득금액에서 각각 연 250만원을 공제한다.

② 소득별이란 토지·건물·부동산에 관한 권리·기타자산의 소득과 주식 또는 출자지분의 소득, 파생상품 등, 신탁 수익권으로 구분한다.

③ 법령이 정한 미등기양도자산과 법령에 따른 비사업용토지는 양도소득기본공제를 적용하지 않는다.

④ 양도소득금액에 「소득세법」 또는 「조세특례제한법」이나 그 밖의 법률에 따른 감면소득금액이 있는 경우에는 그 감면소득금액 외의 양도소득금액에서 먼저 공제하고, 감면소득금액 외의 양도소득금액 중에서는 해당 과세기간에 먼저 양도한 자산의 양도소득금액에서부터 순서대로 공제한다.

⑤ 2 이상의 양도자산 중 어느 자산을 먼저 양도하였는지의 여부가 불분명한 경우에는 납세자에게 유리한 양도소득금액에서부터 공제한다.

28 양도소득세는 1과세기간에 여러 차례 양도가 있는 경우 각각의 양도에서 발생한 소득금액 또는 결손금을 통산하여 과세한다. 다음은 통산할 수 있는 자산을 열거하였다. 다른 하나는?

① 토지

② 부동산을 취득할 수 있는 권리

③ 비상장주식

④ 사업에 사용하는 토지·건물 및 부동산에 관한 권리와 함께 양도하는 영업권

⑤ 특정시설물이용권

29 다음은 양도소득세의 세율에 관한 내용이다. 틀린 것은?

① 등기되고 2년 이상 보유한 토지와 건물 및 부동산에 관한 권리를 양도한 경우에는 초과누진세율이 적용된다.

② 세율 적용시 보유기간은 해당 자산의 취득일부터 양도일까지로 한다. 다만, 이월과 세에 해당하는 자산은 증여자가 그 자산을 취득한 날을 그 자산의 취득일로 본다.

③ 2년 이상 보유한 비사업용 토지를 양도함으로써 발생하는 소득에 대해서는 기본세율에 100분의 10을 더한 세율을 적용한다.

④ 기타자산에 대한 세율은 보유기간이 2년 이상이면 6% ~ 45%의 8단계 초과누진세율을 적용하고, 1년 미만이면 50%의 비례세율을 적용한다.

⑤ 조정대상지역 밖 주택의 입주자로 선정된 지위를 양도한 경우 보유기간이 1년 미만인 경우에는 70%를, 2년 이상 보유한 경우에는 60%의 비례세율을 적용한다.

30 「소득세법」상 국내 부동산에 대한 양도소득과세표준의 세율에 관한 내용으로 옳은 것은?

① 1년 6개월 보유한 미등기된 상가 건물: 60%

② 1년 6개월 보유한 부동산과 함께 양도하는 영업권: 40%

③ 6개월 보유한 등기된 1세대 1주택: 40%

④ 6개월 보유하고 미등기 전매한 분양권(조정대상지역이 아님): 70%

⑤ 3년 보유한 등기된 1세대 2주택(조정대상지역이 아님): 50%

31 「소득세법」상 미등기양도자산에 관한 설명으로 틀린 것은?

① 양도소득세 비과세요건을 충족한 1세대 1주택으로서 「건축법」에 따른 건축허가를 받지 아니하여 등기가 불가능한 자산은 미등기양도자산에 해당하지 않는다.

② 장기보유특별공제 적용을 배제한다.

③ 미등기양도자산은 양도소득세 산출세액에 100분의 70을 곱한 금액을 양도소득 결정세액에 더한다.

④ 「도시개발법」에 따른 도시개발사업이 종료되지 아니하여 토지 취득등기를 하지 아니하고 양도하는 토지는 미등기양도자산에 해당하지 않는다.

⑤ 취득가액을 실지거래가액에 의하지 않는 경우 주택 취득당시 법령이 정하는 가격에 일정비율을 곱한 금액을 필요경비로 공제한다.

32 甲이 등기된 국내소재 공장(건물)을 양도한 경우, 양도소득 과세표준 예정신고에 관한 설명으로 틀린 것은 몇 개인가? (단, 甲은 소득세법상 부동산매매업을 영위하지 않는 거주자이며 국세기본법상 기한연장 사유는 없음)

> ㉠ 2024년 3월 31일에 양도한 경우, 예정신고기한은 2024년 5월 31일이다.
> ㉡ 예정신고 기간은 양도일이 속한 연도의 다음 연도 5월 1일부터 5월 31일까지이다.
> ㉢ 양도차손이 발생한 경우 예정신고하지 아니한다.
> ㉣ 예정신고시 예정신고납부세액공제(산출세액의 10%)가 적용된다.
> ㉤ 예정신고를 하지 않은 경우 확정신고를 하면, 예정신고에 대한 가산세는 부과되지 아니한다.
> ㉥ 예정신고납부를 할 때 양도차익에서 장기보유특별공제와 양도소득기본공제를 한 금액에 해당 양도소득세 세율을 적용하여 계산한 금액을 그 산출세액으로 한다.

① 1개   ② 2개   ③ 3개
④ 4개   ⑤ 5개

33 「소득세법」상 거주자의 양도소득 과세표준 및 세액의 신고 · 납부에 관한 설명으로 옳은 것은?

① 양도차익이 없거나 양도차손이 발생한 경우에도 양도소득 과세표준의 예정신고를 하여야 한다.

② 건물을 신축하고 그 취득일부터 3년 이내에 양도하는 경우로서 감정가액을 취득가액으로 하는 경우에는 그 감정가액의 100분의 3에 해당하는 금액을 양도소득 결정세액에 가산한다.

③ 토지 또는 건물을 양도한 경우에는 그 양도일부터 2개월 이내에 양도소득 과세표준을 신고해야 한다.

④ 예정신고납부할 세액이 2천만원을 초과하는 때에는 1천만원을 초과하는 금액을 납부기한이 지난 후 2개월 이내에 분할납부할 수 있다.

⑤ 당해연도에 누진세율의 적용대상 자산에 대한 예정신고를 2회 이상 한 자가 법령에 따라 이미 신고한 양도소득금액과 합산하여 신고하지 아니한 경우에는 양도소득 과세표준의 확정신고를 할 필요가 없다.

34 다음은 양도소득세의 신고 및 납부에 관련된 설명이다. 틀린 것은?

① 예정신고납부를 할 때 양도차익에서 장기보유특별공제와 양도소득기본공제를 한 금액에 해당 양도소득세 세율을 적용하여 계산한 금액을 그 산출세액으로 한다.

② 복식부기의무자가 아닌 거주자가 매매계약서의 조작을 통하여 양도소득세 과세표준을 과소신고한 경우에는 과세표준 중 부당한 방법으로 과소신고한 과세표준에 상당하는 금액이 과세표준에서 차지하는 비율을 산출세액에 곱하여 계산한 금액의 100분의 40에 상당하는 금액을 납부할 세액에 가산한다.

③ 납세지 관할세무서장은 양도소득이 있는 국내거주자가 조세를 포탈할 우려가 있다고 인정되는 상당한 이유가 있는 경우에는 수시로 그 거주자의 양도소득세를 부과할 수 있다.

④ 甲이 등기된 국내소재 공장(건물)을 2024년 7월 15일에 양도한 경우, 예정신고기한은 2024년 9월 15일이다.

⑤ 거주자가 양도소득세 확정신고에 따라 납부할 세액이 1천800만원인 경우 최대 800만원까지 분할납부할 수 있다.

35 「소득세법」상 거주자가 국외자산을 양도한 경우에 관한 설명으로 틀린 것은? (단, 해당 과세기간에 다른 자산의 양도는 없음)

① 국외자산 양도로 발생하는 소득이 환율변동으로 인하여 외화차입금으로부터 발생하는 환차익을 포함하고 있는 경우에는 해당 환차익을 양도소득의 범위에서 제외한다.

② 소득세법상 국외자산의 양도에 대한 양도소득세 과세에 있어서 국내자산의 양도에 대한 양도소득세 규정 중 양도소득의 부당행위계산은 준용하지 않는다.

③ 국외에 있는 부동산에 관한 권리로서 미등기 양도자산의 양도로 발생하는 소득은 양도소득의 범위에 포함된다.

④ 국외자산에 대한 양도차익 계산시 필요경비개산공제는 적용하지 아니한다.

⑤ 국외자산의 양도소득에 대하여 해당 외국에서 과세를 하는 경우로서 법령이 정한 그 국외자산 양도소득세액을 납부하였거나 납부할 것이 있을 때에는 외국납부세액의 세액공제방법과 필요경비 산입방법 중 하나를 선택하여 적용할 수 있다.

36 「소득세법」상 농지교환으로 인한 양도소득세와 관련하여 (   )에 들어갈 내용으로 옳은 것은?

> • 농지란 논밭이나 과수원으로서 지적공부의 지목과 관계없이 실제로 경작에 사용되는 토지를 말하며, 농지의 경영에 직접 필요한 농막, 퇴비사, 양수장, 지소(池沼), 농도(農道) 및 수로(水路) 등에 사용되는 토지를 (㉠).
> • 「국토의 계획 및 이용에 관한 법률」에 따른 주거지역·상업지역·공업지역 외에 있는 농지(환지예정지 아님)를 경작상 필요에 의하여 교환함으로써 발생한 소득은 쌍방 토지 가액의 차액이 가액이 큰 편의 (㉡) 이하이고, 새로이 취득한 농지를 (㉢) 이상 농지소재지에 거주하면서 경작하는 경우 비과세한다.
> • 「국토의 계획 및 이용에 관한 법률」에 따른 개발제한구역에 있는 농지는 (㉣)에 해당하지 아니한다(단, 소유기간 중 개발제한구역 지정·변경은 없음).

	㉠	㉡	㉢	㉣
①	포함한다	4분의 1	3년	비사업용 토지
②	포함한다	4분의 1	5년	비사업용 토지
③	포함하지 아니한다	4분의 1	3년	사업용 토지
④	포함하지 아니한다	4분의 1	3년	비사업용 토지
⑤	포함한다	3분의 1	1년	비사업용 토지

37 다음과 같은 건물(수도권 내의 녹지지역에 소재)을 취득한 후 비과세요건을 갖춘 자가 당해 건물을 10억원에 양도하였을 경우 양도소득세의 비과세 범위로 옳은 것은?

> ㉠ 대지면적 : 1,200m²
> ㉡ 건물연면적 : 200m²
> ㉢ 주거용으로 사용되는 건물면적 : 150m²
> ㉣ 상업용으로 사용되는 건물면적 : 50m²

① 대지 1,000m², 건물 150m²

② 대지 200m², 건물 200m²

③ 대지 1,000m², 건물 200m²

④ 대지 200m², 건물 150m²

⑤ 모두 비과세된다.

38 을(乙)은 7억원에 취득한 주택을 2년 이상 보유·거주하다가 15억원에 양도하였다. 이 경우 과세되는 양도차익은 얼마인가? [단, 을(乙)은 다른 주택이 없고, 취득가액을 포함한 총 필요경비는 10억원으로 가정한다]

① 2천만원   ② 4천만원   ③ 1억원
④ 1억6천만원   ⑤ 2억원

39 「소득세법」상 거주자의 양도소득세 비과세에 관한 설명으로 옳은 것은 몇 개인가?

> ㉠ 「국토의 계획 및 이용에 관한 법률」에 따른 주거지역·상업지역·공업지역 외에 있는 농지(환지예정지 아님)를 경작상 필요에 의하여 교환함으로써 발생한 소득은 쌍방 토지가액의 차액이 가액이 큰 편의 4분의 1 이하이고 새로이 취득한 농지를 3년 이상 농지소재지에 거주하면서 경작하는 경우 비과세한다.
> ㉡ 토지와 건물을 각각 다른 세대가 소유하고 있는 경우에는 해당 토지는 1세대 1주택에 부수되는 토지로 보지 아니하는 것이다. 따라서 주택과 그 부수토지의 소유자가 각각 다른 세대원인 경우 해당 부수토지의 양도소득에 대하여는 비과세되지 아니한다. 해당 주택만이 비과세되는 것이다.
> ㉢ 1주택을 보유하는 자가 1주택을 보유하는 자와 혼인함으로써 1세대가 2주택을 보유하게 되는 경우 혼인한 날부터 5년 이내에 먼저 양도하는 주택은 이를 1세대 1주택으로 보아 「소득세법 시행령」 제154조 제1항을 적용한다.
> ㉣ 1세대 1주택에 대한 비과세 규정을 적용함에 있어 하나의 건물이 주택과 주택 외의 부분으로 복합되어 있는 경우 주택의 연면적이 주택 외의 연면적보다 클 때에는 그 전부를 주택으로 본다.
> ㉤ 1세대 1주택 비과세 요건을 충족하는 고가주택의 양도가액이 16억원이고 양도차익이 4억원인 경우 양도소득세가 과세되는 양도차익은 1억원이다.

① 1개   ② 2개   ③ 3개
④ 4개   ⑤ 5개

40 거주자 甲은 배우자인 거주자 乙이 2014.3.1.에 300,000,000원에 취득한 토지를 2020.4.1.에 乙로부터 증여(증여 당시 시가 700,000,000원) 받아 소유권이전등기를 마쳤다. 이후 甲은 2024.6.1.에 토지를 甲 또는 乙과 특수관계없는 거주자 丙에게 1,000,000,000원에 양도하였다. 甲 또는 乙의 양도소득 납세의무에 관한 설명으로 옳은 것은? (단, 양도소득은 실질적으로 甲에게 귀속되지 아니하고, 토지는 법령상 협의매수 또는 수용된 적이 없으며, 양도 당시 甲과 乙은 혼인관계를 유지하고 있음)

① 토지의 양도차익 계산시 양도가액에서 공제할 취득가액은 700,000,000원이다.

② 토지의 양도차익 계산시 취득시기는 2014.3.1.이다.

③ 토지의 양도차익 계산시 甲의 증여세 산출세액은 양도가액에서 공제할 수 없다.

④ 甲과 乙은 연대하여 토지의 양도소득세 납세의무를 진다.

⑤ 토지의 양도소득세 납세의무자는 乙이다.

41 다음은 양도소득의 필요경비 계산 특례(배우자·직계존비속 간 증여재산에 대한 이월과세)에 대한 설명이다. 틀린 것은? (단, 2023년 1월 1일 이후 증여받은 것으로 가정함)

① 거주자가 양도일부터 소급하여 10년 이내에 그 배우자(양도 당시 혼인관계가 소멸된 경우를 포함하되, 사망으로 혼인관계가 소멸된 경우는 제외한다) 또는 직계존비속으로부터 증여받은 부동산, 부동산을 취득할 수 있는 권리 및 기타자산 중 시설물이용권의 양도차익을 계산할 때 취득가액은 그 배우자 또는 직계존비속의 취득 당시의 금액으로 한다.

② 이월과세 적용시 증여받은 수증자가 부담한 증여세 상당액은 해당 자산에 대한 양도차익을 한도로 필요경비에 산입된다.

③ 증여받은 배우자 등이 수증일부터 10년 이내에 타인에게 양도함으로써 이월과세를 적용하는 경우 10년의 계산은 등기부에 기재된 소유기간에 따른다.

④ 이월과세 적용시 증여자와 수증자 간에 증여세와 양도소득세에 대한 연대납세의무는 없다.

⑤ 직계존비속으로부터 증여받은 자산의 양도차익을 계산할 때 해당 자산을 증여한 직계존비속이 사망한 경우에도 이월과세 규정이 적용된다.

42 甲이 2017.03.05 특수관계인인 乙로부터 토지를 3억2천만원(시가 3억원)에 취득하여 2024.10.28 甲의 특수관계인인 丙에게 그 토지를 4억8천만원(시가 5억원)에 양도한 경우 甲의 양도차익은 얼마인가? (다만, 토지는 등기된 국내 소재의 소득세법상 비사업용 토지이고, 취득가액 외의 필요경비는 없으며, 甲·乙·丙은 거주자이고, 배우자 및 직계존비속 관계가 없음)

① 1억원

② 1억5천만원

③ 1억6천만원

④ 1억8천만원

⑤ 2억원

43 소득세법령상 거주자 甲이 배우자 및 직계존비속이 아닌 특수관계인에게 2024년 3월 1일에 자산을 증여한 후 그 자산을 증여받은 자가 그 증여일부터 10년 이내에 다시 타인에게 양도한 경우에 관한 설명으로 옳은 것은?

① 甲이 그 자산을 직접 양도한 것으로 보되, 특수관계인이 증여세를 납부한다는 점을 고려하여 양도차익 계산시 취득가액은 증여시의 가액으로 한다.

② 甲이 자산을 직접 양도한 것으로 보는 경우 그 양도소득에 대해서는 甲과 증여받은 자가 연대하여 납세의무를 진다.

③ 甲에게 양도소득세가 과세되는 경우에는 수증자가 당초 증여받은 자산에 대하여 납부한 증여세는 필요경비에 산입한다.

④ 양도소득이 수증자에게 실질적으로 귀속된 경우에도 甲이 그 자산을 직접 양도한 것으로 본다.

⑤ 특수관계인이 그 자산을 양도한 것으로 보되 양도차익 계산시 취득가액은 甲의 취득당시 가액으로 한다.

44 「소득세법」상 양도소득세에 관한 설명으로 옳은 것은?

① 거주자가 국내 상가건물을 양도한 경우 거주자의 주소지와 상가건물의 소재지가 다르다면 양도소득세 납세지는 거주자의 주소지이다.

② 비거주자가 국외 토지를 양도한 경우 양도소득세 납부의무가 있다.

③ 국내에 1주택만을 보유하고 있는 1세대가 해외이주로 세대전원이 출국하는 경우 출국일부터 3년이 되는 날 해당 주택을 양도하면 비과세된다.

④ 농지를 교환할 때 쌍방 토지가액의 차액이 가액이 작은 편의 4분의 1인 경우 발생하는 소득은 비과세된다.

⑤ 거주자가 국외 주택을 양도한 경우 양도일까지 계속해서 5년간 국내에 주소를 두었다면 양도소득금액 계산시 장기보유특별공제가 적용된다.

45 「소득세법」상 거주자의 양도소득세와 「지방세법」상 거주자의 국내자산 양도소득에 대한 지방소득세에 관한 설명으로 틀린 것은?

① 「소득세법」상 농지란 논밭이나 과수원으로서 지적공부의 지목과 관계없이 실제로 경작에 사용되는 토지를 말하며, 농지의 경영에 직접 필요한 농막, 퇴비사, 양수장, 지소(池沼), 농도(農道) 및 수로(水路) 등에 사용되는 토지를 포함한다.

② 「건축법 시행령」 [별표]에 의한 다가구주택을 구획된 부분별로 양도하지 아니하고 하나의 매매단위로 양도하여 단독주택으로 보는 다가구주택의 경우에는 그 전체를 하나의 주택으로 보아 법령에 따른 고가주택 여부를 판단한다.

③ 상업용 건물에 대한 새로운 기준시가가 고시되기 전에 취득 또는 양도하는 경우에는 직전의 기준시가에 의한다.

④ 양도소득에 대한 개인지방소득세 과세표준은 「소득세법」상 양도소득과세표준으로 하는 것이 원칙이다.

⑤ 「소득세법」상 보유기간이 8개월인 조합원입주권의 양도소득에 대한 개인지방소득세 세율은 양도소득에 대한 개인지방소득세 과세표준의 1백분의 70을 적용한다.

46 「소득세법」상 거주자의 양도소득세에 관한 설명으로 틀린 것은? (단, 국내소재 부동산의 양도임)

① A법인과 특수관계에 있는 주주가 시가 3억원(「법인세법」 제52조에 따른 시가임)의 토지를 A법인에게 5억원에 양도한 경우 양도가액은 3억원으로 본다. 단, A법인은 이 거래에 대하여 세법에 따른 처리를 적절하게 하였다.

② 1세대 1주택 비과세 요건을 충족하는 고가주택의 양도가액이 15억원이고 양도차익이 5억원인 경우 양도소득세가 과세되는 양도차익은 1억원이다.

③ 거주자 甲이 국내소재 1세대 1주택을 4년 6개월 보유·거주한 후 15억원에 양도한 경우 양도차익은 87,900,000원이다(취득가액은 확인 불가능하고 양도당시 기준시가는 5억원, 취득당시 기준시가는 3억 5천만원이며 주어진 자료 외는 고려하지 않는다).

④ 거주자 甲이 2018년 1월 20일에 취득한 건물을 甲의 배우자 乙에게 2022년 3월 5일자로 증여한 후, 乙이 2024년 5월 20일에 甲·乙의 특수관계인이 아닌 丙에게 양도한 경우 乙이 납부한 증여세는 양도소득세 납부세액 계산시 세액공제된다.

⑤ 「국토의 계획 및 이용에 관한 법률」에 따른 주거지역·상업지역·공업지역 외에 있는 농지(환지예정지 아님)를 경작상 필요에 의하여 교환함으로써 발생한 소득은 쌍방 토지가액의 차액이 가액이 큰 편의 4분의 1 이하이고 새로이 취득한 농지를 3년 이상 농지소재지에 거주하면서 경작하는 경우 비과세한다.

47 「소득세법」상 거주자의 양도소득 과세표준 계산에 관한 설명으로 틀린 것은?

> ⊙ 이미 납부한 확정신고세액이 관할세무서장이 결정한 양도소득 총결정세액을 초과할 때에는 해당 결정일부터 90일 이내에 환급해야 한다.
>
> ⓒ 양도일부터 소급하여 10년 이내에 그 배우자로부터 증여받은 토지의 양도차익을 계산할 때 그 증여받은 토지에 대하여 납부한 증여세는 양도가액에서 공제할 필요경비에 산입하지 아니한다.
>
> ⓒ 양도소득에 대한 과세표준은 종합소득 및 퇴직소득에 대한 과세표준과 구분하여 계산한다.
>
> ⓔ 「소득세법」 제104조 제3항에 따른 미등기 양도자산에 대하여는 장기보유특별공제를 적용하지 아니한다.
>
> ⑩ 1세대 1주택에 대한 비과세 규정을 적용함에 있어 하나의 건물이 주택과 주택 외의 부분으로 복합되어 있는 경우 주택의 연면적이 주택 외의 연면적보다 클 때에는 그 전부를 주택으로 본다.

① ⊙, ⓒ   ② ⊙, ⓒ   ③ ⊙, ⓔ
④ ⓒ, ⓒ   ⑤ ⓒ, ⑩

48 「소득세법」상 거주자의 양도소득세에 관한 설명으로 옳은 것은 몇 개인가?

> ㉠ 특수관계인에게 증여한 자산에 대해 증여자인 거주자에게 양도소득세가 과세되는 경우 수증자가 부담한 증여세 상당액은 양도가액에서 공제할 필요경비에 산입한다.
> ㉡ 2018년 4월 1일 이후 지출한 자본적지출액은 그 지출에 관한 증명서류를 수취·보관하지 않고 실제 지출사실이 금융거래 증명서류에 의하여 확인되지 않는 경우에도 양도차익 계산시 양도가액에서 공제할 수 있다.
> ㉢ 과세기간별로 이미 납부한 확정신고세액이 관할세무서장이 결정한 양도소득 총결정세액을 초과한 경우 다른 국세에 충당할 수 없다.
> ㉣ A법인과 특수관계에 있는 주주가 시가 3억원(「법인세법」 제52조에 따른 시가임)의 토지를 A법인에게 5억원에 양도한 경우 양도가액은 3억원으로 본다. 단, A법인은 이 거래에 대하여 세법에 따른 처리를 적절하게 하였다.
> ㉤ 증여자인 매형의 채무를 수증자가 인수하는 부담부증여인 경우에는 증여가액 중 그 채무액에 상당하는 부분은 그 자산이 유상으로 사실상 이전되는 것으로 본다.

① 1개   ② 2개   ③ 3개
④ 4개   ⑤ 5개

49 「소득세법」상 거주자의 양도소득세에 관한 설명으로 틀린 것은 몇 개인가?

> ㉠ 양도소득세 납세의무의 확정은 납세의무자의 신고에 의하지 않고 관할세무서장의 결정에 의한다.
> ㉡ 특수관계인 간의 거래가 아닌 경우로서 취득가액인 실지거래가액을 인정 또는 확인할 수 없어 그 가액을 추계결정 또는 경정하는 경우에는 매매사례가액, 감정가액, 기준시가의 순서에 따라 적용한 가액에 의한다.
> ㉢ 거주자가 국외 토지를 양도한 경우 양도일까지 계속해서 10년간 국내에 주소를 두었다면 양도소득과세표준을 예정신고하여야 한다.
> ㉣ 2024년에 양도한 토지에서 발생한 양도차손은 10년 이내에 양도하는 토지의 양도소득금액에서 이월하여 공제받을 수 있다.
> ㉤ 부동산을 취득할 수 있는 권리의 양도시 기준시가는 양도일까지 불입한 금액과 양도일 현재의 프리미엄에 상당하는 금액을 합한 금액으로 한다.

① 1개   ② 2개   ③ 3개
④ 4개   ⑤ 5개

50 소득세법령상 1세대 1주택자인 거주자 甲이 2024년 양도한 국내소재 A주택(조정대상지역이 아니며 등기됨)에 대한 양도소득과세표준은? (단, 2024년에 A주택 외 양도한 자산은 없으며, 법령에 따른 적격증명서류를 수취·보관하고 있고 주어진 조건 이외에는 고려하지 않음)

구 분	기준시가	실지거래가액
양도시	20억원	25억원
취득시	10억원	확인 불가능
추가사항	• 양도비 및 자본적지출액 : 1억원 • 보유기간 및 거주기간 : 각각 5년	

① 1,220,000,000원

② 634,400,000원

③ 253,760,000원

④ 2,500,000원

⑤ 378,140,000원

51 「지방세법」상 취득세가 과세될 수 있는 경우가 아닌 것은?

① 법인이 부동산을 현물출자 받아 취득하는 경우

② 상속에 의하여 임야를 취득한 경우

③ 국가, 지방자치단체 또는 지방자치단체조합에 귀속 또는 기부채납을 조건으로 취득하는 부동산

④ 보유토지의 지목이 전(田)에서 대지(垈地)로 변경되어 가액이 증가한 경우

⑤ 건축물의 이전으로 인한 취득으로서 이전한 건축물의 가액이 종전 건축물의 가액을 초과하지 않는 경우

52 「지방세법」상 취득세가 과세되는 경우를 설명한 것 중 틀린 것은 몇 개인가?

> ⊙ 부동산의 취득은 「민법」 등 관계 법령에 따른 등기를 하지 아니한 경우라도 사실상 취득하면 취득한 것으로 본다.
> ⓒ 건물을 신축한 경우 과세표준은 사실상 취득가격이며 표준세율은 1천분의 28을 적용한다.
> ⓒ 건물을 개수한 경우 과세표준은 사실상 취득가격이며 세율은 중과기준세율을 적용한다(개수로 인하여 건축물 면적이 증가하지 아니함).
> ② 토지의 지목을 사실상 변경함으로써 그 가액이 증가한 경우에 취득으로 보지 아니한다.
> ⓜ 법인설립시에 발행하는 주식 또는 지분을 취득함으로써 과점주주가 된 경우에는 취득으로 보지 아니한다.

① 1개   ② 2개   ③ 3개

④ 4개   ⑤ 5개

53 취득세가 과세되는 경우를 설명한 것 중 틀린 것은?

① 부동산을 증여에 의하여 취득하는 경우

② 부동산을 매매에 의하여 취득하는 경우

③ 무허가건물을 신축하는 경우

④ 매매에 의하여 골프 회원권을 취득한 경우

⑤ 존속기간 1년 이내인 공사현장사무소의 건축물을 취득한 경우

54 「지방세법」상 과점주주의 간주취득세에 대한 설명 중 틀린 것은? (단, 주식발행법인은 「자본시장과 금융투자업에 관한 법률 시행령」 제176조의9 제1항에 따른 유가증권시장에 상장한 법인이 아니며, 「지방세특례제한법」은 고려하지 않음)

① 과점주주 집단 내부에서 주식이 이전되었으나 과점주주 집단이 소유한 총주식의 비율에 변동이 없는 경우 과점주주 간주취득세의 납세의무는 없다.

② 개인인 "甲"이 비상장법인 설립시 70% 지분을 취득한 경우에는 취득세 납세의무가 없다.

③ 과점주주가 아닌 주주가 다른 주주로부터 주식을 취득함으로써 최초로 과점주주가 된 경우 취득세 납세의무가 있다.

④ 이미 과점주주가 된 주주가 해당 법인의 주식을 취득하여 해당 법인의 주식의 총액에 대한 과점주주가 가진 주식의 비율이 증가된 경우 과점주주 간주취득세의 납세의무는 있다.

⑤ 다른 주주의 주식이 감자됨으로써 비상장법인의 대주주인 "丙"의 지분비율이 60%에서 70%로 증가한 경우에는 취득세 납세의무가 있다.

55 甲은 판매업을 영위하는 비상장법인인 ㈜박문각의 주식을 소유하고 있다. 甲의 지분율의 변동내역과 법인의 자산내역이 다음과 같은 경우 甲의 2024년 7월 19일 주식 취득시 취득세 과세표준을 계산하면?

구 분	2020년 3월 25일	2024년 7월 19일
지분율 변동사유	설립시 취득	주식매입
주식 지분율	40%	60%

〈㈜박문각의 자산내역〉

㉠ 토지 : 10억원
㉡ 건물 : 5억원
㉢ 차량 : 2억원
㉣ 골프 회원권 : 3억원

① 0원 ② 4억원 ③ 8억원
④ 12억원 ⑤ 20억원

56 다음 중 취득세 과세대상이 되는 경우는?

① 유가증권시장에 상장된 주식을 취득한 경우

② 차량을 원시취득한 경우

③ 법인 설립시에 발행하는 주식 또는 지분을 취득함으로써 과점주주가 된 경우

④ 법인이 부동산을 현물출자 받아 취득하는 경우

⑤ 출판권을 상속받은 경우

57 「지방세법」상 취득세의 납세의무에 관한 설명으로 틀린 것은?

① 부동산의 취득은 「민법」 등 관계 법령에 따른 등기를 하지 아니한 경우라도 사실상 취득하면 취득한 것으로 본다.

② 건축물 중 조작설비로서 그 주체구조부와 하나가 되어 건축물로서의 효용가치를 이루고 있는 것에 대하여는 주체구조부 취득자 외의 자가 가설한 경우에도 주체구조부의 취득자가 함께 취득한 것으로 본다.

③ 직계비속이 권리의 이전에 등기가 필요한 직계존속의 부동산을 서로 교환한 경우 무상으로 취득한 것으로 본다.

④ 「주택법」에 따른 주택조합이 해당 조합원용으로 취득하는 조합주택용 부동산(조합원에게 귀속되지 아니하는 부동산은 제외)은 그 조합원이 취득한 것으로 본다.

⑤ 법인설립시에 발행하는 주식 또는 지분을 취득함으로써 과점주주가 된 경우에는 취득으로 보지 아니한다.

58 「지방세법」상 취득의 시기 등에 관한 설명으로 틀린 것은?

① 부동산의 증여계약으로 인한 취득에 있어서 소유권이전등기를 하지 않고 계약일부터 계약일이 속하는 달의 말일부터 3개월 이내에 공증받은 공정증서로 계약이 해제된 사실이 입증되는 경우에는 취득한 것으로 보지 않는다.

② 유상승계취득의 경우 사실상의 잔금지급일을 확인할 수 없는 경우에는 그 계약상의 잔금지급일(계약상 잔금지급일이 명시되지 않은 경우에는 계약일부터 60일이 경과한 날을 말한다)에 취득한 것으로 본다.

③ 「도시 및 주거환경정비법」 제35조 제3항에 따른 재건축조합이 재건축사업을 하면서 조합원으로부터 취득하는 토지 중 조합원에게 귀속되지 아니하는 토지를 취득하는 경우에는 「도시 및 주거환경정비법」 제86조 제2항에 따른 소유권이전 고시일에 그 토지를 취득한 것으로 본다.

④ 「민법」 제839조의2 및 제843조에 따른 재산분할로 인한 취득의 경우에는 취득물건의 등기일 또는 등록일을 취득일로 본다.

⑤ 토지의 지목변경에 따른 취득은 토지의 지목이 사실상 변경된 날과 공부상 변경된 날 중 빠른 날을 취득일로 본다. 다만, 토지의 지목변경일 이전에 사용하는 부분에 대해서는 그 사실상의 사용일을 취득일로 본다.

59 「지방세법」상 취득세의 과세표준에 관한 설명으로 틀린 것은?

① 취득세의 과세표준은 취득 당시의 가액으로 한다.

② 부동산 등을 무상취득하는 경우(상속에 따른 무상취득의 경우는 제외) 시가인정액을 취득당시가액으로 한다.

③ 부동산 등을 원시취득하는 경우 취득당시가액은 사실상 취득가격으로 한다.

④ 상속에 따른 무상취득의 경우 시가인정액을 취득당시가액으로 한다.

⑤ 토지의 지목을 사실상 변경한 경우 취득당시가액은 그 변경으로 증가한 가액에 해당하는 사실상취득가격으로 한다.

60 「지방세법」상 취득세의 과세표준에 관한 설명으로 틀린 것은?

① 시가표준액이 1억원 이하인 부동산 등을 무상취득(상속의 경우는 제외한다)하는 경우 시가인정액과 시가표준액 중에서 납세자가 정하는 가액으로 한다.

② 부동산 등을 유상거래(매매 또는 교환 등 취득에 대한 대가를 지급하는 거래를 말한다)로 승계취득하는 경우 취득당시가액은 취득시기 이전에 해당 물건을 취득하기 위하여 거래 상대방이나 제3자에게 지급하였거나 지급하여야 할 일체의 비용으로서 대통령령으로 정하는 사실상의 취득가격으로 한다.

③ 법인이 아닌 자가 건축물을 건축하여 취득하는 경우로서 사실상취득가격을 확인할 수 없는 경우의 취득당시가액은 시가표준액으로 한다.

④ 토지에 대한 시가표준액은 「부동산 가격공시에 관한 법률」에 따라 공시된 가액으로 한다.

⑤ 공동주택가격이 공시되지 아니한 경우에는 지역별·단지별·면적별·층별 특성 및 거래가격 등을 고려하여 행정안전부장관이 정하는 기준에 따라 국토교통부장관이 산정한 가액으로 한다.

61 「지방세법 시행령」 제18조 [사실상 취득가격의 범위 등]에서 사실상 취득가격에 포함하지 않는 것은?

① 법인이 아닌 자가 취득한 경우 할부 또는 연부(年賦) 계약에 따른 이자 상당액 및 연체료

② 취득에 필요한 용역을 제공받은 대가로 지급하는 용역비·수수료(건축 및 토지조성 공사로 수탁자가 취득하는 경우 위탁자가 수탁자에게 지급하는 신탁수수료를 포함한다)

③ 취득대금 외에 당사자의 약정에 따른 취득자 조건 부담액

④ 부동산을 취득하는 경우 「주택도시기금법」 제8조에 따라 매입한 국민주택채권을 해당 부동산의 취득 이전에 양도함으로써 발생하는 매각차손

⑤ 법인이 취득한 경우 「공인중개사법」에 따른 공인중개사에게 지급한 중개보수

62 「지방세법」상 부동산 취득의 표준세율로 틀린 것은?

① 상속으로 인한 농지취득 : 1천분의 23

② 법령으로 정한 비영리사업자의 상속 외의 무상취득 : 1천분의 28

③ 매매로 인한 농지 외의 토지 취득 : 1천분의 30

④ 합유물 및 총유물의 분할로 인한 취득 : 1천분의 23

⑤ 원시취득(공유수면의 매립 또는 간척으로 인한 농지취득 제외) : 1천분의 28

63 「지방세법」상 취득세의 표준세율이 가장 낮은 것은? (단, 「지방세특례제한법」은 고려하지 않음)

① 합유물 및 총유물의 분할로 인한 취득

② 「정당법」에 따라 설립된 정당이 독지가의 기부에 의하여 건물을 취득한 경우

③ 농지를 상호 교환하여 소유권이전등기를 하는 경우

④ 무주택자가 유상거래를 원인으로 「지방세법」 제10조에 따른 취득 당시의 가액이 5억 원인 주택(「주택법」에 의한 주택으로서 등기부에 주택으로 기재된 주거용 건축물과 그 부속토지)을 취득한 경우(개인의 조정대상지역에 있는 1세대 1주택에 해당함)

⑤ 매매로 인한 농지 외의 토지 취득

64 「지방세법」상 아래의 부동산 등을 신(증)축하는 경우 취득세가 중과(重課)되지 않는 것은? (단, 「지방세법」상 중과요건을 충족하는 것으로 가정함)

① 병원의 병실

② 골프장

③ 고급주택

④ 법인 본점의 사무소전용 주차타워

⑤ 대도시에서 법인이 사원에 대한 임대용으로 직접 사용할 목적으로 취득한 사원주거용 목적의 공동주택[1구의 건축물의 연면적(전용면적을 말한다)이 60제곱미터 이하임]

65 「지방세법」상 취득세 표준세율에서 중과기준세율을 뺀 세율로 산출한 금액을 취득세액으로 하는 경우가 아닌 것은? (단, 취득물건은 취득세 중과대상이 아님)

① 상속으로 인한 취득 중 법령으로 정하는 1가구 1주택 및 그 부속토지의 취득

② 공유물의 분할로 인한 취득(등기부등본상 본인지분을 초과하지 아니함)

③ 「민법」(이혼한 자 일방의 재산분할청구권 행사)에 따른 재산분할로 인한 취득

④ 건축물의 이전으로 인한 취득(이전한 건축물의 가액이 종전 건축물의 가액을 초과하지 아니함)

⑤ 법인 설립 후 유상 증자시에 주식을 취득하여 최초로 과점주주가 된 경우

66 「지방세법」상 취득세의 부과·징수에 관한 설명으로 옳은 것은?

① 상속으로 취득세 과세물건을 취득한 자는 상속개시일부터 6개월(외국에 주소를 둔 상속인이 있는 경우에는 각각 9개월) 이내에 그 과세표준에 세율을 적용하여 산출한 세액을 신고하고 납부하여야 한다.

② 취득세 과세물건을 취득한 자가 재산권의 취득에 관한 사항을 등기하는 경우 등기한 후 60일 내에 취득세를 신고·납부하여야 한다.

③ 취득세 과세물건을 취득한 후 중과세 세율 적용대상이 되었을 경우 60일 이내에 산출 세액에서 이미 납부한 세액(가산세 포함)을 공제하여 신고·납부하여야 한다.

④ 취득세가 경감된 과세물건이 추징대상이 된 때에는 그 사유 발생일부터 30일 이내에 그 산출세액에서 이미 납부한 세액(가산세 포함)을 공제한 세액을 신고하고 납부하여야 한다.

⑤ 취득세 납세의무자가 신고 또는 납부의무를 다하지 아니하면 산출세액 또는 그 부족세액에 「지방세기본법」의 규정에 따라 산출한 가산세를 합한 금액을 세액으로 하여 보통징수의 방법으로 징수한다.

67 「지방세법」상 취득세의 부과 · 징수에 관한 설명으로 틀린 것은?

① 토지의 지목변경에 따라 사실상 그 가액이 증가된 경우, 취득세의 신고 · 납부를 하지 않고 매각하더라도 취득세 중가산세 규정은 적용되지 아니한다.

② 취득세 납세의무가 있는 법인은 취득 당시의 가액을 증명할 수 있는 장부와 관련 증거서류를 작성하여 갖춰 두어야 한다.

③ 지방자치단체의 장은 취득세 납세의무가 있는 법인이 장부 등의 작성과 보존 의무를 이행하지 아니하는 경우에는 산출된 세액 또는 부족세액의 100분의 10에 상당하는 금액을 징수하여야 할 세액에 가산한다.

④ 취득세액이 50만원 이하일 때에는 취득세를 부과하지 아니한다.

⑤ 토지나 건축물을 취득한 자가 그 취득한 날부터 1년 이내에 그에 인접한 토지나 건축물을 취득한 경우에는 각각 그 전후의 취득에 관한 토지나 건축물의 취득을 1건의 토지 취득 또는 1구의 건축물 취득으로 보아 면세점을 적용한다.

68 「지방세법」상 취득세 비과세에 해당하는 것은 몇 개인가?

> ㉠ 서울특별시가 구청청사로 취득한 건물
> ㉡ 대한민국 정부기관의 취득에 대하여 과세하지 않는 외국정부의 취득
> ㉢ 이전한 건축물의 가액이 종전 건축물의 가액을 초과하지 아니하는 경우 그 건축물의 이전으로 인한 취득
> ㉣ 국가, 지방자치단체 또는 지방자치단체조합에 귀속 또는 기부채납을 조건으로 취득하는 부동산
> ㉤ 법령이 정하는 고급주택에 해당하는 임시건축물의 취득
> ㉥ 「건축법」에 따른 공동주택의 대수선

① 1개   ② 2개   ③ 3개
④ 4개   ⑤ 5개

69 「지방세법」상 취득세에 관한 설명으로 틀린 것은?

① 공매를 통하여 배우자의 부동산을 취득한 경우 유상취득으로 본다.

② 건축물 중 조작설비로서 그 주체구조부와 하나가 되어 건축물로서의 효용가치를 이루고 있는 것에 대하여는 주체구조부 취득자 외의 자가 가설한 경우에도 주체구조부의 취득자가 함께 취득한 것으로 본다.

③ 법인설립시 발행하는 주식을 취득함으로써 지방세기본법에 따른 과점주주가 되었을 때에는 그 과점주주가 해당 법인의 부동산 등을 취득한 것으로 본다.

④ 토지의 지목변경에 따른 취득은 지목변경일 이전에 그 사용하는 부분에 대해서는 그 사실상의 사용일을 취득일로 본다.

⑤ 상속에 따른 무상취득의 경우 취득세 과세표준은 시가표준액으로 한다.

70 「지방세법」상 취득세에 관한 설명으로 틀린 것은?

① 관계법령에 따라 매립 · 간척 등으로 토지를 원시취득하는 경우로서 공사준공인가일 전에 사실상 사용하는 경우에는 그 사실상 사용일을 취득일로 본다.

② 환매등기를 병행하는 부동산의 매매로서 환매기간 내에 매도자가 환매한 경우의 그 매도자와 매수자의 취득은 취득세 표준세율에서 중과기준세율을 뺀 세율로 산출한 금액을 그 세액으로 한다.

③ 무상승계취득한 취득물건을 취득일에 등기 · 등록한 후 화해조서 · 인낙조서에 의하여 취득일부터 취득일이 속하는 달의 말일부터 3개월 이내에 계약이 해제된 사실을 입증하는 경우에는 취득한 것으로 보지 아니한다.

④ 취득세 과세물건을 무상취득(상속은 제외한다)한 자는 취득일이 속하는 달의 말일부터 3개월 이내에 그 과세표준에 세율을 적용하여 산출한 세액을 신고하고 납부하여야 한다.

⑤ 지방자치단체에 기부채납을 조건으로 부동산을 취득하는 경우라도 그 반대급부로 기부채납 대상물의 무상사용권을 제공받는 때에는 그 해당 부분에 대해서는 취득세를 부과한다.

71 「지방세법」상 등록면허세의 납세의무자에 대한 설명 중 틀린 것은?

① 등록면허세의 납세의무자는 재산권과 그 밖의 권리의 설정·변경 또는 소멸에 관한 사항을 공부에 등기 또는 등록을 하는 자이다.

② 근저당권 설정등기의 경우 등록면허세의 납세의무자는 근저당권자이다.

③ 근저당권 말소등기의 경우 등록면허세의 납세의무자는 근저당권설정자 또는 말소 대상 부동산의 현재 소유자이다.

④ 甲이 은행에서 1,000만원의 융자를 받고 乙의 부동산에 저당권을 설정할 경우 등록 면허세의 납세의무자는 은행이다.

⑤ 설정된 전세권에 대한 말소등기를 하는 경우 등록면허세 납세의무자는 전세권자이다.

72 「지방세법」상 등록면허세의 과세표준에 대한 설명 중 틀린 것은 몇 개인가?

> ㉠ 부동산, 선박, 항공기, 자동차 및 건설기계의 등록에 대한 등록면허세의 과세표준은 등록 당시의 가액으로 한다.
>
> ㉡ 부동산의 등록면허세 과세표준은 조례로 정하는 바에 따라 등록자의 신고에 따른다. 다만, 신고가 없거나 신고가액이 시가표준액보다 적은 경우에는 시가표준액을 과세 표준으로 한다.
>
> ㉢ 등록 당시에 자산재평가 또는 감가상각 등의 사유로 그 가액이 달라진 경우에는 변경된 가액을 과세표준으로 한다.
>
> ㉣ 채권금액으로 과세액을 정하는 경우에 일정한 채권금액이 없을 때에는 채권의 목적이 된 것의 가액 또는 처분의 제한의 목적이 된 금액을 그 채권금액으로 본다.
>
> ㉤ 등록면허세 신고서상의 금액과 공부상의 금액이 다를 경우에는 공부상의 금액을 과세표준으로 한다.

① 0개   ② 1개   ③ 2개
④ 3개   ⑤ 4개

73 「지방세법」상 부동산등기에 대한 등록면허세의 표준세율로 틀린 것은? (단, 표준세율을 적용하여 산출한 세액이 부동산등기에 대한 그 밖의 등기 또는 등록세율보다 크다고 가정함)

① 증여로 인한 소유권이전등기 : 부동산가액의 1천분의 8

② 저당권 설정 및 이전등기 : 채권금액의 1천분의 2

③ 지역권 설정 및 이전등기 : 요역지 가액의 1천분의 2

④ 임차권 설정 및 이전등기 : 월 임대차금액의 1천분의 2

⑤ 전세권 설정등기 : 전세금액의 1천분의 2

74 「지방세법」상 등록에 대한 등록면허세의 납세지와 신고 및 납부에 관한 설명 중 틀린 것은?

① 같은 등록에 관계되는 재산이 둘 이상의 지방자치단체에 걸쳐 있어 등록면허세를 지방자치단체별로 부과할 수 없을 때에는 등록관청 소재지를 납세지로 한다.

② 등록을 하려는 자는 과세표준에 세율을 적용하여 산출한 세액을 등록을 하기 전까지 납세지를 관할하는 지방자치단체의 장에게 신고하고 납부하여야 한다.

③ 신고의무를 다하지 아니하고 등록면허세 산출세액을 등록을 하기 전까지 납부하였을 때에는 무신고가산세를 부과한다.

④ 등기·등록관서의 장은 등기 또는 등록 후에 등록면허세가 납부되지 아니하였거나 납부부족액을 발견한 경우에는 다음 달 10일까지 납세지를 관할하는 시장·군수·구청장에게 통보하여야 한다.

⑤ 납세자는 등기 또는 등록하려는 때에는 등기 또는 등록 신청서에 등록면허세 영수필 통지서(등기·등록관서의 시·군·구 통보용) 1부와 등록면허세 영수필 확인서 1부를 첨부하여야 한다. 다만, 「전자정부법」 제36조 제1항에 따라 행정기관 간에 등록면허세 납부사실을 전자적으로 확인할 수 있는 경우에는 그러하지 아니하다.

75 「지방세법」상 등록에 대한 등록면허세에 관한 설명으로 틀린 것은 몇 개인가?

㉠ 「여신전문금융업법」 제2조 제12호에 따른 할부금융업을 영위하기 위하여 대도시에서 법인을 설립함에 따른 등기를 할 때에는 그 세율을 해당 표준세율의 100분의 300으로 한다. 단, 그 등기일부터 2년 이내에 업종변경이나 업종추가는 없다.

㉡ 등록 당시에 자산재평가의 사유로 그 가액이 달라진 때에는 자산재평가 전의 가액을 과세표준으로 한다.

㉢ 지방자치단체의 장은 등록면허세의 세율을 표준세율의 100분의 60의 범위에서 가감할 수 있다.

㉣ 같은 채권의 담보를 위하여 설정하는 둘 이상의 저당권을 등록하는 경우에는 이를 하나의 등록으로 보아 그 등록에 관계되는 재산을 처음 등록하는 등록관청 소재지를 납세지로 한다.

㉤ 지방자치단체의 장은 채권자대위자의 부동산의 등기에 대한 등록면허세 신고납부가 있는 경우 납세의무자에게 그 사실을 즉시 통보하여야 한다.

① 1개   ② 2개   ③ 3개
④ 4개   ⑤ 5개

76 「지방세법」상 재산세의 과세대상과 표준세율 적용에 관한 설명으로 틀린 것은?

① 재산세 과세대상 물건이 공부상 등재 현황과 사실상의 현황이 다른 경우에는 사실상의 현황에 따라 재산세를 부과한다.

② 주택에 대한 재산세는 납세의무자별로 해당 지방자치단체의 관할구역에 있는 주택의 과세표준을 합산하여 주택의 세율을 적용한다.

③ 주택의 부속토지의 경계가 명백하지 아니한 경우에는 그 주택의 바닥면적의 10배에 해당하는 토지를 주택의 부속토지로 한다.

④ 1동(棟)의 건물이 주거와 주거 외의 용도로 사용되고 있는 경우에는 주거용으로 사용되는 부분만을 주택으로 본다.

⑤ 주택에 대한 토지와 건물의 소유자가 다를 경우 해당 주택의 토지와 건물의 가액을 합산한 과세표준에 주택의 세율을 적용한다.

77 다음 토지 중 재산세 종합합산과세대상에 해당되는 것으로 올바른 것은?

① 특별시·광역시·시지역(읍·면지역 제외)의 도시지역 안의 개발제한구역과 녹지지역 안의 목장용지로서 기준면적 이내의 토지

② 서울특별시지역의 산업단지와 공업지역 안에 위치한 공장용 건축물의 부속토지로서 공장입지기준면적을 초과하는 부분의 토지

③ 일반영업용 건축물로서 건축물의 시가표준액이 해당 부속토지의 시가표준액의 100분의 2에 미달하는 건축물의 부속토지 중 그 건축물의 바닥면적의 부속토지

④ 특별시·광역시·시지역(읍·면지역 제외)의 도시지역 안의 개발제한구역과 녹지지역 안의 개인소유 농지

⑤ 일반영업용 건축물의 부속토지로서 건축물의 바닥면적에 용도지역별 적용배율을 곱하여 산정한 면적 이내의 토지

78 「지방세법」상 토지에 대한 재산세를 부과함에 있어서 과세대상의 구분(종합합산과세대상, 별도합산과세대상, 분리과세대상)이 잘못된 것은?

① 관계법령에 따른 사회복지사업자가 복지시설이 소비목적으로 사용할 수 있도록 하기 위하여 1990년 5월 1일부터 소유하는 농지 : 분리과세대상

② 1990년 1월부터 소유하는 「수도법」에 따른 상수원보호구역의 임야 : 분리과세대상

③ 과세기준일 현재 계속 염전으로 실제 사용하고 있는 토지 : 분리과세대상

④ 여객자동차운송사업 면허를 받은 자가 그 면허에 따라 사용하는 차고용 토지(자동차운송사업의 최저보유차고면적기준의 1.5배에 해당하는 면적 이내의 토지) : 별도합산과세대상

⑤ 회원제 골프장용 토지(회원제 골프장업의 등록시 구분등록의 대상이 되는 토지 : 종합합산과세대상

79 「지방세법」상 재산세 과세표준에 대한 설명이다. 틀린 것은?

① 시가표준액이 3억원 이하인 1세대 1주택에 대한 재산세의 과세표준은 시가표준액에 공정시장가액비율(시가표준액의 100분의 43)을 곱하여 산정한 가액으로 한다.

② 시가표준액이 3억원을 초과하고 6억원 이하인 1세대 2주택에 대한 재산세의 과세표준은 시가표준액에 공정시장가액비율(시가표준액의 100분의 60)을 곱하여 산정한 가액으로 한다.

③ 토지에 대한 재산세의 과세표준은 시가표준액으로 한다.

④ 선박에 대한 재산세의 과세표준은 시가표준액으로 한다.

⑤ 주택이 아닌 건축물에 대한 과세표준은 건축물 시가표준액에 100분의 70의 공정시장가액비율을 곱하여 산정한다.

80 「지방세법」상 재산세의 세율에 관한 설명으로 틀린 것은 몇 개인가?

> ㉠ 주택에 대한 재산세의 세율은 4단계 초과누진세율이다.
> ㉡ 취득세 중과대상인 골프장용 토지에 대한 재산세의 세율은 1천분의 50이다.
> ㉢ 법령에 따른 고급주택은 1천분의 40, 그 밖의 주택은 초과누진세율을 적용한다.
> ㉣ 광역시(군 지역은 제외) 지역에서 「국토의 계획 및 이용에 관한 법률」과 그 밖의 관계 법령에 따라 지정된 주거지역의 대통령령으로 정하는 공장용 건축물의 재산세 표준세율은 초과누진세율이다.
> ㉤ 주택에 대한 재산세는 주택별로 표준세율을 적용한다.
> ㉥ 토지와 건물의 소유자가 다른 주택에 대해 세율을 적용할 때 해당 주택의 토지와 건물의 가액을 소유자별로 구분 계산한 과세표준에 해당 세율을 적용한다.

① 0개 ② 1개 ③ 2개
④ 3개 ⑤ 4개

81 「지방세법」상 다음의 재산세 과세표준에 적용되는 표준세율 중 가장 낮은 것은?

① 과세표준 20억원인 분리과세대상 목장용지
② 과세표준 6천만원인 주택(1세대 2주택에 해당)
③ 과세표준 10억원인 분리과세대상 공장용지
④ 과세표준 2억원인 별도합산과세대상 토지
⑤ 과세표준 5천만원인 종합합산과세대상 토지

82 「지방세법」상 재산세의 납세의무자에 관한 설명으로 틀린 것은?

① 공유물 분할등기가 이루어지지 아니한 공유토지: 지분권자
② 「신탁법」제2조 따른 수탁자의 명의로 등기 또는 등록된 신탁재산의 경우: 수탁자
③ 공부상의 소유자가 매매 등의 사유로 소유권이 변동되었는데도 신고하지 아니하여 사실상의 소유자를 알 수 없을 때: 공부상 소유자
④ 상속이 개시된 재산으로서 상속등기가 이행되지 아니하고 사실상의 소유자를 신고하지 아니하였을 경우:「민법」상 상속지분이 가장 높은 상속자(상속지분이 가장 높은 상속자가 두 명 이상인 경우에는 그중 연장자)
⑤ 국가가 선수금을 받아 조성하는 매매용 토지로서 사실상 조성이 완료된 토지의 사용권을 무상으로 받은 경우: 그 사용권을 무상으로 받은 자

83 다음은 재산세의 납세의무자에 관한 설명이다. 틀린 것은?

① 재산세 과세기준일 현재 재산을 사실상 소유하고 있는 자는 재산세를 납부할 의무가 있다.

② 주택의 건물과 부속토지의 소유자가 다를 경우 그 주택에 대한 산출세액을 건축물과 그 부속토지의 시가표준액 비율로 안분계산한 부분에 대하여 그 소유자를 납세의무자로 본다.

③ 「신탁법」 제2조에 따른 수탁자의 명의로 등기 또는 등록된 신탁재산의 경우에는 위탁자(「주택법」 제2조 제11호 가목에 따른 지역주택조합 및 같은 호 나목에 따른 직장주택조합이 조합원이 납부한 금전으로 매수하여 소유하고 있는 신탁재산의 경우에는 해당 지역주택조합 및 직장주택조합을 말함)는 재산세를 납부할 의무가 있다. 이 경우 위탁자가 신탁재산을 소유한 것으로 본다.

④ 공부상 소유자가 소유권에 변동이 있음에도 불구하고 이를 신고하지 아니하여 사실상의 소유자를 알 수 없을 때에는 공부상의 소유자가 납세의무자가 된다.

⑤ 국가와 건축물을 연부로 매매계약을 체결하고 그 건축물의 사용권을 무상으로 부여받은 경우에 당해 건축물은 국가 소유이므로 그 매수자는 재산세를 납부할 의무가 없다.

84 「지방세법」상 재산세 부과·징수에 관한 설명으로 틀린 것은?

① 재산세를 물납하려는 자는 납부기한 10일 전까지 납세지를 관할하는 시장·군수·구청장에게 물납을 신청하여야 한다.

② 해당 연도에 주택에 부과할 세액이 50만원인 경우 납기를 7월 16일부터 7월 31일까지로 하여 한꺼번에 부과·징수한다.

③ 재산세는 관할 지방자치단체의 장이 세액을 산정하여 보통징수의 방법으로 부과·징수한다.

④ 지방자치단체의 장은 재산세 납부세액이 1천만원을 초과하는 경우에는 납세의무자의 신청을 받아 해당 지방자치단체의 관할구역에 있는 부동산에 대해서만 법령으로 정하는 바에 따라 물납을 허가할 수 있다.

⑤ 고지서 1장당 징수할 세액이 2천원 미만인 경우에는 해당 재산세를 징수하지 아니한다.

85 「지방세법」상 재산세 부과·징수에 관한 설명으로 틀린 것은 몇 개인가?

> ㉠ 지방자치단체의 장은 과세대상의 누락 등으로 이미 부과한 재산세액을 변경하여야 할 사유가 발생하더라도 수시로 부과·징수할 수 없다.
>
> ㉡ 재산세를 징수하려면 토지, 건축물, 주택, 선박 및 항공기로 각각 구분된 납세고지서에 과세표준과 세액을 적어 늦어도 납기개시 5일 전까지 발급하여야 한다.
>
> ㉢ 토지에 대한 재산세는 납세의무자별로 한 장의 납세고지서로 발급하여야 한다.
>
> ㉣ 사실상 종중재산으로서 공부상에는 개인 명의로 등재되어 있는 재산의 공부상 소유자는 과세기준일부터 15일 이내에 그 소재지를 관할하는 지방자치단체의 장에게 그 사실을 알 수 있는 증거자료를 갖추어 신고하여야 한다.
>
> ㉤ 지방자치단체의 장은 재산세의 납부세액이 250만원을 초과하는 경우에는 대통령령으로 정하는 바에 따라 납부할 세액의 일부를 납부기한이 지난 날부터 6개월 이내에 분할납부하게 할 수 있다.

① 1개   ② 2개   ③ 3개

④ 4개   ⑤ 5개

86 「지방세법」상 재산세 비과세 대상에 해당하는 것은? (단, 주어진 조건 외에는 고려하지 않음)

① 국가, 지방자치단체가 1년 이상 유료로 사용하는 경우

② 대한민국 정부기관의 재산에 대하여 과세하는 외국정부의 재산

③ 대통령령으로 정하는 도로·하천·제방·구거·유지 및 묘지

④ 임시로 사용하기 위하여 건축된 건축물로서 재산세 과세기준일 현재 1년 미만인 법령에 따른 고급오락장

⑤ 「군사기지 및 군사시설 보호법」에 따른 군사기지 및 군사시설 보호구역 중 통제보호구역에 있는 전·답·과수원 및 대지

87 「종합부동산세법」상 종합부동산세의 과세대상인 것은?

① 취득세 중과대상인 고급오락장용 건축물

② 여객자동차운송사업 면허를 받은 자가 그 면허에 따라 사용하는 차고용 토지(자동차운송사업의 최저보유차고면적기준의 1.5배에 해당하는 면적 이내의 토지)

③ 공장용 건축물

④ 「지방세법」에 따라 재산세가 비과세되는 토지

⑤ 종중이 1990년 1월부터 소유하는 농지

88 다음은 주택(합산배제대상 주택 제외)분 종합부동산세 세액계산 흐름도를 설명한 것이다. 틀린 것은? [단, 개인이 2주택(조정대상지역 내 2주택을 소유한 경우는 제외)을 소유한 경우라 가정함]

① 과세표준=[주택의 공시가격의 합(合)-공제액(9억원)]×공정시장가액비율(60%)

② 세율=7단계 초과누진세율(최저 1천분의 5)

③ 종합부동산세액=과세표준×세율

④ 납부세액=종합부동산세액-공제할 재산세액-세부담상한 초과세액

⑤ 세부담상한 초과세액=당해 연도 총세액상당액-전년도 총세액상당액×130%

89 「종합부동산세법」상 종합부동산세에 관한 설명 중 옳은 것은? (단, 감면과 비과세와 「지방세특례제한법」 또는 「조세특례제한법」은 고려하지 않음)

① 1세대 1주택자는 주택의 공시가격을 합산한 금액에서 12억원을 공제한 금액을 과세표준으로 한다.

② 종합부동산세의 분납은 허용되지 않는다.

③ 주택분 종합부동산세액에서 공제되는 재산세액은 재산세 표준세율의 100분의 50의 범위에서 가감된 세율이 적용된 경우에는 그 세율이 적용되기 전의 세액으로 하고, 재산세 세부담 상한을 적용받은 경우에는 그 상한을 적용받기 전의 세액으로 한다.

④ 과세기준일 현재 토지분 재산세 납세의무자로서 「자연공원법」에 따라 지정된 공원자연환경지구의 임야를 소유하는 자는 토지에 대한 종합부동산세를 납부할 의무가 있다.

⑤ 종합부동산세의 납세의무자가 비거주자인 개인으로서 국내사업장이 없고 국내원천소득이 발생하지 아니하는 1주택을 소유한 경우 그 주택 소재지를 납세지로 정한다.

90 종합부동산세에 대한 설명 중 틀린 것은?

① 재산세 과세재산 중 별도합산과세대상토지의 공시가격을 합한 금액이 80억원을 초과하는 자는 종합부동산세를 납부할 의무가 있다.

② 개인의 경우 종합부동산세의 납세지는 소득세법상의 규정을 준용하여 정한다.

③ 혼인함으로써 1세대를 구성하는 경우에는 혼인한 날부터 5년 동안은 주택 또는 토지를 소유하는 자와 그 혼인한 자별로 각각 1세대로 본다.

④ 납세의무자가 해당 연도에 납부하여야 할 종합합산과세대상인 토지에 대한 세부담 상한액은 직전년도에 해당 토지에 부과된 종합부동산세액의 100분의 300이다.

⑤ 국내에 있는 재산세 과세대상인 주택의 공시가격을 합산한 금액이 5억원인 법인은 종합부동산세 납세의무자에 해당한다.

91 「종합부동산세법」상 종합부동산세에 관한 설명으로 틀린 것은? (단, 감면 및 비과세와 「지방세특례제한법」 또는 「조세특례제한법」은 고려하지 않음)

① 관할세무서장은 종합부동산세로 납부하여야 할 세액이 250만원을 초과하는 경우에는 대통령령으로 정하는 바에 따라 그 세액의 일부를 납부기한이 지난 날부터 6개월 이내에 분납하게 할 수 있다.

② 모회사인 A법인과 자회사인 B법인이 소유한 국내에 있는 재산세 과세대상인 주택의 공시가격을 합한 금액이 10억원(모회사 6억원, 자회사 4억원)인 경우 모회사인 A법인과 자회사인 B법인은 모두 종합부동산세 납세의무자에 해당한다.

③ 「지방세특례제한법」 또는 「조세특례제한법」에 의한 재산세의 비과세·과세면제 또는 경감에 관한 규정은 종합부동산세를 부과하는 경우에 준용한다.

④ 종합부동산세의 납세의무자가 개인 또는 법인으로 보지 아니하는 단체인 경우에는 소득세법 제6조의 규정을 준용하여 납세지를 정한다.

⑤ 종합합산과세대상인 토지에 대한 납세의무자가 과세기준일 현재 만 75세이고 해당 토지를 과세기준일 현재 17년 보유한 경우 공제율은 100분의 80이다.

92 「지방세기본법」상 도세 세목이 아닌 것은?

① 재산세   ② 지방소비세   ③ 등록면허세
④ 지역자원시설세   ⑤ 취득세

93 국세 및 지방세의 납세의무 성립시기에 관한 내용으로 틀린 것은? (단, 특별징수 및 수시 부과와 무관함)

① 소득세: 과세기간이 끝나는 때
② 거주자의 양도소득에 대한 지방소득세: 과세표준이 되는 소득에 대하여 소득세의 납세의무가 성립하는 때
③ 종합부동산세: 과세기준일
④ 취득세: 과세물건을 취득한 날부터 60일이 되는 때
⑤ 재산세: 과세기준일

94 「국세기본법」 제22조 [납세의무의 확정]에 설명이다. 틀린 것은?

① 소득세는 납세의무자가 과세표준과 세액을 정부에 신고했을 때에 확정된다.
② 소득세의 납세의무자가 과세표준과 세액의 신고를 하지 아니하거나 신고한 과세표준과 세액이 세법에서 정하는 바와 맞지 아니한 경우에는 정부가 과세표준과 세액을 결정하거나 경정하는 때에 그 결정 또는 경정에 따라 확정된다.
③ 종합부동산세는 해당 국세의 과세표준과 세액을 정부가 결정하는 때에 확정된다.
④ 납세의무자가 「종합부동산세법」 제16조 제3항에 따라 과세표준과 세액을 정부에 신고하는 경우에는 납세의무자가 과세표준과 세액을 정부에 신고했을 때에 확정된다.
⑤ 양도소득세의 예정신고만으로 양도소득세 납세의무가 확정되지 아니한다.

95 원칙적으로 과세관청의 결정에 의하여 납세의무가 확정되는 국세를 모두 고른 것은?

> ㉠ 취득세
> ㉡ 종합부동산세
> ㉢ 재산세
> ㉣ 양도소득세

① ㉠   ② ㉡   ③ ㉢
④ ㉡, ㉢   ⑤ ㉢, ㉣

96 다음은 「국세기본법」상 국세부과의 제척기간에 관한 설명이다. 가장 옳지 않은 것은?

① 국세부과의 제척기간은 권리관계를 조속히 확정시키려는 것이므로 국세징수권 소멸시효와는 달리 진행기간의 중단이나 정지가 없으므로 제척기간이 경과하면 정부의 부과권은 소멸되어 과세표준이나 세액을 변경하는 어떤 결정(경정)도 할 수 없다.

② 과세표준과 세액을 신고하는 국세(「종합부동산세법」에 따라 신고하는 종합부동산세는 제외한다)의 경우 해당 국세의 과세표준과 세액에 대한 신고기한 또는 신고서 제출기한의 다음 날이 국세부과 제척기간의 기산일이다.

③ 종합부동산세의 제척기간 기산일은 납세의무가 성립한 날이다.

④ 소득세 납세자가 법정신고기한까지 과세표준신고서를 제출하지 아니한 경우 제척기간은 해당 소득세를 부과할 수 있는 날부터 5년간이다.

⑤ 증여세 신고서를 제출한 자가 거짓 신고 또는 누락신고를 한 경우(그 거짓신고 또는 누락신고를 한 부분만 해당한다)의 제척기간은 부과할 수 있는 날부터 15년간이다.

97 「국세기본법」 및 「지방세기본법」상 조세채권과 일반채권의 관계에 관한 설명으로 틀린 것은?

① 납세담보물을 매각하였을 때에는 압류 순서에 관계없이 그 담보된 국세 및 강제징수비는 매각대금 중에서 다른 국세 및 강제징수비와 지방세에 우선하여 징수한다.

② 재산의 매각대금 배분시 당해 재산에 부과된 종합부동산세는 당해 재산에 설정된 전세권에 따라 담보된 채권보다 우선한다.

③ 소득세의 법정기일 전에 주택임대차보호법에 따른 대항요건과 확정일자를 갖춘 사실이 증명되는 재산을 매각할 때 그 매각금액 중에서 소득세를 징수하는 경우, 그 확정일자를 갖춘 임대차계약서상의 보증금은 소득세보다 우선 변제된다.

④ 취득세 신고서를 납세지 관할 지방자치단체장에게 제출한 날 전에 저당권 설정 등기 사실이 증명되는 재산을 매각하여 그 매각대금에서 취득세를 징수하는 경우, 저당권에 따라 담보된 채권은 취득세에 우선한다.

⑤ 재산의 매각대금 배분시 당해 재산에 부과된 재산세는 당해 재산에 설정된 저당권에 따라 담보된 채권보다 우선하지 못한다.

98 거주자인 개인 甲이 乙로부터 부동산을 취득하는 경우, 거주자인 개인 甲이 취득단계에서 부담할 수 있는 지방세를 모두 고른 것은?

> ㄱ 취득세
> ㄴ 농어촌특별세
> ㄷ 재산세
> ㄹ 종합부동산세
> ㅁ 양도소득세

① ㄱ   ② ㄱ, ㄴ   ③ ㄱ, ㄴ, ㄷ
④ ㄴ   ⑤ ㄴ, ㅁ

99 다음은 부동산세법상 물납 및 분납(분할납부)에 관한 설명이다. 틀린 것은?

① 지방자치단체의 장은 재산세의 납부세액이 250만원을 초과하는 경우에는 대통령령으로 정하는 바에 따라 납부할 세액의 일부를 납부기한이 지난 날부터 3개월 이내에 분할납부하게 할 수 있다.

② 관할세무서장은 종합부동산세로 납부하여야 힐 세액이 250만원을 초과하는 경우에는 대통령령으로 정하는 바에 따라 그 세액의 일부를 납부기한이 지난 날부터 6개월 이내에 분납하게 할 수 있다.

③ 지방자치단체의 장은 재산세의 납부세액이 1천만원을 초과하는 경우에는 납세의무자의 신청을 받아 해당 지방자치단체의 관할구역에 있는 부동산에 대해서만 대통령령으로 정하는 바에 따라 물납을 허가할 수 있다.

④ 관할세무서장은 종합부동산세로 납부하여야 할 세액이 1천만원을 초과하는 경우에는 대통령령이 정하는 바에 의하여 물납을 허가할 수 있다.

⑤ 거주자로서 「소득세법」 제65조(중간예납)·제69조(부동산매매업자의 토지 등 매매차익예정신고와 납부) 또는 제76조(확정신고납부)에 따라 납부할 세액이 각각 1천만원을 초과하는 자는 대통령령으로 정하는 바에 따라 그 납부할 세액의 일부를 납부기한이 지난 후 2개월 이내에 분할납부할 수 있다.

100 「지방세기본법」상 부과 및 징수, 불복, 서류의 송달에 관한 설명으로 틀린 것은?

① 지방세에 관한 불복시 불복청구인은 이의신청을 거치지 않고 심판청구를 제기할 수 없다.

② 「지방세기본법」에 따른 과태료의 부과처분을 받은 자는 이의신청 또는 심판청구를 할 수 없다.

③ 이의신청인은 신청 또는 청구 금액이 8백만원인 경우에는 그의 배우자를 대리인으로 선임할 수 있다.

④ 교부에 의한 서류송달의 경우에 송달할 장소에서 서류를 송달받아야 할 자를 만나지 못하였을 때에는 그의 사용인으로서 사리를 분별할 수 있는 사람에게 서류를 송달할 수 있다.

⑤ 기한을 정하여 납세고지서를 송달하였더라도 서류가 도달한 날부터 7일이 되는 날에 납부기한이 되는 경우 지방자치단체의 징수금의 납부기한은 해당 서류가 도달한 날부터 14일이 지난 날로 한다.

정답

1	2	3	4	5	6	7	8	9	10
⑤	①	④	③	③	⑤	②	⑤	④	⑤

11	12	13	14	15	16	17	18	19	20
③	④	③	③	③	②	①	③	①	②

21	22	23	24	25	26	27	28	29	30
②	④	⑤	②	①	④	③	③	④	④

31	32	33	34	35	36	37	38	39	40
③	④	①	④	②	①	③	③	⑤	②

41	42	43	44	45	46	47	48	49	50
④	④	②	①	⑤	④	①	②	③	⑤

51	52	53	54	55	56	57	58	59	60
③	①	⑤	⑤	④	④	③	③	④	⑤

61	62	63	64	65	66	67	68	69	70
①	③	④	⑤	⑤	⑤	④	③	③	③

71	72	73	74	75	76	77	78	79	80
⑤	①	①	③	③	②	②	⑤	③	⑤

81	82	83	84	85	86	87	88	89	90
①	②	⑤	②	②	③	②	⑤	⑤	④

91	92	93	94	95	96	97	98	99	100
⑤	①	④	⑤	②	④	⑤	①	④	①

MEMO

제35회 공인중개사 시험대비 **전면개정판**

2024 **박문각 공인중개사**
정석진 파이널 패스 100선 2차 부동산세법

초판인쇄 | 2024. 8. 1.　**초판발행** | 2024. 8. 5.　**편저** | 정석진 편저

발행인 | 박 용　**발행처** | (주)박문각출판　**등록** | 2015년 4월 29일 제2019-000137호

주소 | 06654 서울시 서초구 효령로 283 서경 B/D 4층　**팩스** | (02)584-2927

전화 | 교재 주문 (02)6466-7202, 동영상문의 (02)6466-7201

저자와의
협의하에
인지생략

정가 20,000원
ISBN 979-11-7262-167-4